VALBERT CHEVILLARD

Paysages canadiens

PARIS

ALPHONSE LEMERRE, ÉDITEUR

23-31, PASSAGE CHOISEUL, 23-31

—

M DCCC XCI

Paysages canadiens

VALBERT CHEVILLARD

Paysages canadiens

PARIS

ALPHONSE LEMERRE, ÉDITEUR

23-31, PASSAGE CHOISEUL, 23-31

—

M DCCC XCI

A PAUL JOANNE

en témoignage d'une grande et vieille amitie.

VALBERT CHEVILLARD

Paysages canadiens

> Un paysage est le fond du tableau de la
> vie humaine.
>
> BERNARDIN DE SAINT-PIERRE.

I

Me voici à bord d'un steamer qui crache de la fumée noire dans la rade de Liverpool parce que je me suis arrêté, en un jour de poussière et d'ennui, devant la jeune femme sublime qui représente l'Odyssée dans l'*Apothéose d'Homère*. — A l'heure où il a créé cette figure froide et pensive, le peintre a reçu la visite du génie sur son front obstiné.

Elle me disait que les longues vagues berceuses apaisent la tempête intérieure de l'âme, que les voyages ouvrent à l'imagination des rêves nouveaux par l'aspect changeant des horizons. Et une vision m'apparut de grands fleuves, de grands lacs, de grands bois frais. Et je sentis tout à coup un désir impétueux de partir, de contempler une nature chaste qui n'eût pas encore été numérotée par les Guides et salie par les regards vides des bourgeois en vacances, de m'emplir les poumons d'air irrespiré.

Et voilà pourquoi je regardais les quais qui bordent la Mersey défiler devant le *Parisian* en partance pour le Saint-Laurent.

C'est ici où l'on se rend compte de l'asservissement de la mer par les Anglais et du travail prodigieux d'araignée dans lequel ils ont enveloppé l'univers. L'aspect est saisissant. Toute la journée sur les quais des foules qui s'embarquent et des foules qui débarquent, grouillantes comme des fourmilières bouleversées. Incessamment des navires arrivent de tous les points du monde, croisant d'autres navires qui s'y rendent. Sur cette chaussée tremblante, c'est un mouvement qui ne s'arrête jamais et qui fait penser au mouvement des voitures sur nos boulevards. On sent le peuple qui prend le bateau et traverse l'Océan comme nous prenons l'omnibus pour traverser la Seine. Les voyageurs ne gesticulent pas, ne crient pas, parlent à peine, paraissent se rendre à quelque besogne journalière d'où ils reviendront tout à l'heure. Aussi cette animation extraordinaire est silencieuse. On n'entend que le bruit rauque des sirènes avertissantes.

Et longtemps, et longtemps nous croisons des navires, vapeurs et voiliers d'une variété infinie, puis, lorsque le jour décroît, nous voguons seul entre le ciel et l'eau.

La première nuit fut atroce. Habitué aux vastes lits où le corps se livre à toutes ses fantaisies reposantes, je ne pouvais dormir dans le tiroir où je me trouvais placé. — Dans un tiroir au-dessous du mien, un grand vieillard barbu et desséché, pareil à Saturne tel que la tradition nous le représente, gémissait sourdement. Je l'interrogeai. Il me répondit dans une langue que je ne connaissais pas. Alors je pensai que nos relations n'en seraient pas facilitées, non sans éprouver une inconsciente satisfaction, car je me trouvais du coup dispensé de m'occuper de lui. — Des odeurs de cuisine, mélangées à des exhalaisons humaines, flottaient lourdement dans le ventre du bateau et disposaient merveilleusement le cœur à recevoir le mal de mer.

Au matin je monte sur le pont. Le steamer, arrêté près de la côte d'Irlande, dans la baie de Londonderry, attend la malle de Londres. Cette terre, assise sur des blocs de granit, ressemble à une énorme éponge collée sur un rocher. Elle sue l'humidité. Quelques maisons basses éclairent de leur blancheur, comme des draps étendus séchant au soleil, la verdure sombre des pentes gazonnées. Derrière un petit bois s'élève un clocher en pierre grise qui paraît très ancien. Malgré le soleil brillant dans un ciel pur, cette nature est enveloppée de mélancolie, d'une mélancolie sombre et lassée. On dirait d'une pauvresse accroupie au coin d'une porte, entourée de ses enfants, qui a honte de tendre la main et vous regarde avec des yeux implorants et résignés.

En sortant du Canal du Nord, la mer est toujours mauvaise. Instantanément le vide se fait sur le pont, dans la salle à manger. Des serviteurs sont occupés à presser des citrons et à préparer des limonades que les femmes de chambre portent dans les cabines d'où sortent des plaintes et des bruits innomables. Tout ce qui n'est pas fixé dégringole. On entend continuellement des tapages de vaisselle brisée. Mais c'est principalement à table que la situation devient pénible. Quoique les assiettes soient parquées dans des casiers, elles trouvent moyen de se débarrasser de leur contenu sur les genoux des dîneurs, et

c'est un travail savant de porter son verre jusqu'à sa bouche sans recevoir le breuvage à travers la figure. Tandis que les lourdes masses des
vagues secouent le navire, les seuls passagers
tranquilles à bord sont deux bengalis qui pous-
sent sans discontinuer un petit toi-toi monotone
et agaçant dans leur cage balancée. Le lendemain nous sommes en pleine mer — les flots
s'apaisent et nous voyons remonter sur le pont
un peu pâles, mais l'air joyeux, des personnes
qui paraissaient la veille sur le point de tré-
passer.

Il y a plus de huit cents passagers à bord. Il y
a de tout — des lords, des militaires, des person-
nages officiels, des commerçants, des agricul-
teurs, des ingénieurs, des prêtres, des pasteurs,
de ces gens que les Anglais appellent des *globes
trotters,* et qui passent leur vie à courir le monde
pour le plaisir de courir. — Dans l'entrepont
une foule malpropre et misérable d'émigrants,
puis une bande de l'armée du Salut qui chante
des cantiques depuis le matin jusqu'au soir sous

la direction de deux grands diables en livrée rouge.

La vie du bord consiste à manger et à se promener sur le pont. On mange énormément, toute la journée, et l'on soupe encore avant de se coucher. Le souper consiste en un gros morceau de pain grillé enduit de fromage fondu sur lequel des sardines ont été écrasées. Cela s'appelle le valschreibet et, malgré son horrible apparence, n'est pas mauvais. Toute cette nourriture est lourde comme des moellons. Les liqueurs fortes qu'elle rend nécessaires et le tabac nous auraient vite fait tomber dans la grossièreté, si les femmes n'avaient apporté des préoccupations à l'esprit et éclairé l'imagination obscurcie. Il s'en trouve de charmantes. Celles qui sont en puissance de mari observent une réserve absolue, décourageante; mais les autres... C'est ici que se rencontre peut-être la différence la plus marquée qui sépare nos mœurs des mœurs de la race saxonne :
— la liberté laissée aux filles et la façon dont

elles en usent. Le spectacle qui me fut offert me stupéfia.

Voici une famille installée sur le pont : le père, la mère, et deux filles. Le père, un Yankee sec, porteur d'une large barbe blanche rasée sous le nez, fume une pipe très courte sans desserrer les dents que pour cracher. A côté de lui, au-dessus d'un amoncellement de couvertures et de châles, sort une grosse tête bouffie, tachée de couperose, coiffée d'une casquette à double visière et à oreillettes. C'est la mère. Elle tient un livre et paraît absorbée dans sa lecture. Les deux filles se promènent, s'approchent parfois de leurs parents, échangent avec eux quelques mots familiers puis disparaissent. Elles sont très jolies l'une et l'autre et l'on ne dirait guère qu'elles sortent de cette grosse femme, qui présente l'aspect de courges superposées. Elles sont très jolies avec leur chevelure couleur de cuivre neuf, chavirée par le vent de mer; leur visage blanc rosé dans lequel les yeux semblent des améthystes enchâssées, animés par un petit cercle d'or très mobile. Elles s'en vont sveltes, gracieuses comme des chattes, et si pareilles, que le vers d'Alfred de Musset me revient à la mémoire :

On dirait que l'aînée est l'étui de sa sœur.

Eh bien ! ces jeunes filles, qui paraissaient appartenir à la classe supérieure de leur pays et faites pour commander les hommages, se livrèrent sur les jeunes gens à peu près comme il faut, présents sur le bateau, à un travail artificieux et déluré, que sûrement n'auraient pas dépassé les demoiselles des bals publics en quête d'un amant pour la nuit. Elles opéraient sous les yeux de leurs parents, sous les yeux de tout le monde, avec une tranquillité sereine, comme si elles eussent accompli une œuvre de charité. — Elles se promènent tantôt avec l'un, tantôt avec l'autre, bras dessus, bras dessous ; disparaissent avec celui-ci, reparaissent avec celui-là, coquettes et rieuses, mélancoliques et langoureuses, suivant les états d'âme apparemment du sujet qu'elles expérimentent. Puis le soir on les rencontre en des endroits obscurs, engagées dans des conversations intimes, avec des compagnons dont les mains et les lèvres s'aventurent. Elles mirent le siège devant chacun, chacun y passa. Elles me faisaient l'effet de ces dames qui s'arrêtent devant l'étalage d'une fruitière, tâtant les fruits les uns après les autres avant de fixer leur choix. Vraisemblablement, au bout de la route, elles devaient savoir à quoi s'en tenir sur la saveur maritale qu'offriraient les célibataires avec lesquels elles avaient voyagé.

J'ai entendu un officier de marine, français, apprécier d'une manière originale et juste les jeunes filles de cette espèce. Il prenait une rose, et, la présentant à la société, il disait :

« Voilà la jeune fille telle que l'a produite la nature; — puis il arrachait une à une toutes les pétales de la fleur, et lorsqu'il ne tenait plus à la main qu'une petite poire verdâtre, il ajoutait :

— Voilà la jeune fille fiancée, telle que l'époux la conduit à l'autel. »

Des gens sérieux prétendent que cette éducation garantit l'avenir, et que les femmes anglaises sont rarement adultères. — C'est possible, mais il est tout de même disgracieux de chanter le cantique des cantiques avec une jeune fille que tout le monde a tripotée et qui possède sa théorie comme un soldat chevronné. Où trouverions-nous à désaltérer la soif ardente d'idéal qui nous dévore, si ce n'est dans les sources pures qu'offrent les yeux des vierges immaculées? Le meilleur de la vie ne nous serait-il pas ôté?

Je rencontrai là un être singulier, un de ces hommes dont l'existence mouvementée bouleverse nos idées de bonheur domestique et nos habitudes d'immobilité. Il était originaire des îles Shetland et avait passé des années au service de la compagnie de la baie d'Hudson, habitant successivement les postes que cette compagnie possède autour de la baie, pour recueillir les fourrures des bêtes tuées par les sauvages. Il était colossal, violent, et tellement cru dans ses expressions que les familles le fuyaient comme la peste.

Il me racontait parfois des épisodes de sa vie
aventureuse, dans un langage bariolé, emprunté
à toutes les langues, car il les parlait toutes sans
en savoir aucune précisément.

« Une des plus grandes souffrances que j'aie
éprouvées, me disait-il, c'est le manque de femmes.
Vous ne vous imaginez pas ce que c'est, vous
autres qui vous frottez continuellement contre
des jupes et dont la table est toujours servie.
J'ai passé un an au fort de Rupert sans voir
d'autres visages que ceux de mes deux employés
et de quelques sauvages avec lesquels je trafi-
quais. Eh bien, c'est affreux! pire que le manque
de boire, de manger, de tout, car on n'en meurt
pas. Or, un jour, une tribu d'Esquimaux s'étant
fixée dans le voisinage, je fis connaissance d'un
ménage qui m'apportait les peaux des bêtes cap-
turées par la tribu. La femme était jeune, et,
quoiqu'elle fût laide, à mon idée, et empoison-
nât l'huile rance, je lui fis la cour, une cour enragée, mais sans confiance, parce que ces femmes
sont d'une fidélité féroce, inimaginable. Voilà

qu'un soir, par un temps de neige affreux, ils m'apportent des peaux de loutre marine, — vous savez que c'est la fourrure la plus rare et la plus belle en Amérique. — Je les payai grassement et je les fis manger, puis je les engageai à coucher au poste, vu l'état du ciel. Dans la nuit, comme j'écoutais la rafale secouant la maison, j'entendis une voix qui me disait dans l'oreille :

— « C'est moi, mon mari dort, dépêche-toi.

« Eh bien, monsieur, c'est un grand honneur pour moi, car je suis certainement le seul homme au monde qui ait fait un Esquimau cocu. »

Un matin, la question religieuse agite les esprits, — c'est dimanche. — D'abord, les prêtres catholiques déclarent qu'ils s'abstiendront. Ils n'ont pas emporté de pierre d'autel, objet indispensable pour la célébration de la messe. Le champ reste donc libre aux diverses religions qui se trouvent représentées sur le bateau. Il s'agit de les mettre d'accord. Ce ne fut pas aisé, chaque ministre — il y en avait là au moins une douzaine — tenant à jouer un rôle, à affirmer son Dieu. Alors on prépara dans le salon une sorte de tribune où, l'un après l'autre, ils purent s'expliquer. Toute la journée, toute la soirée, elle fut occupée. Quand un ministre, épuisé, l'abandonnait, un autre surgissait aussitôt qui arrivait frais et reposé. Un grand garçon à tournure et à moustaches de sous-officier qui représentait l'Armée du salut et un pasteur méthodiste semblable à un brigand de la Calabre plutôt qu'à un homme de paix, parurent triompher, sinon par la puissance de leurs arguments, du moins par l'énergie qu'ils déployèrent. Ils écrasèrent quelques bons vieillards chevrotants qui se retirèrent consternés.

Mais voilà que cette lutte courtoise de tribune, où ces hommes s'assommaient à coups de mots sacrés, se prolonge au dehors d'une façon imprévue et drôle. Tout à coup, des cris partent du salon réservé aux dames, des cris de volaille effarouchée. C'est une fille de pasteur, sèche et grinçante comme une girouette rouillée, qui gifle une petite miss opiniâtrée dans une croyance contraire à la sienne. Celle-ci s'étant rebiffée, un tumulte s'ensuivit, dans lequel les familles intervinrent. On entendit longtemps des discussions animées, puis finalement, à cette chaleur succéda un grand froid, qui persista pendant le reste du voyage dans les relations des personnes s'étant occupées de la querelle. La fille du pasteur dut être blâmée généralement, car elle disparut, tandis que la petite miss présentait le jour même, au repas du soir, un visage égratigné, mais triomphant.

Un matin, je me réveille gelé. Le froid mord sur le pont. C'est l'hiver tombé tout d'un coup sur nous, et les marins disent que le navire se trouve dans le voisinage des glaces. Bientôt en effet sur l'horizon gris se détachent des blancheurs vagues sans contours, qui ont l'air de nuages errants. Puis à mesure que nous avançons, elles se précisent. On dirait des œufs à la neige flottant dans un plat immense. En voici maintenant tout autour de nous. Vues de près, elles perdent cette apparence neigeuse pour revêtir une sorte de couleur gris-bleu indécise, opaque ou transparente, suivant qu'elles restent dans l'ombre ou sont frappées des rayons du soleil. Ce sont des monuments d'une architecture bizarre, massive et déchiquetée. Il y en a qui me paraissent énormes, mais dont je ne puis apprécier la hauteur, faute de point de comparaison sur l'océan vide. Un pourtant autour duquel tourne un oiseau de mer, me semble avoir les dimensions de l'Arc de l'Étoile. Lorsqu'on sait que les racines par lesquelles ces morceaux de glace se prolongent dans la mer mesurent sept fois la hauteur qu'ils nous montrent au-dessus de l'eau, on peut se faire une idée de leur masse formidable. Par les temps brumeux, fréquents dans ces parages, lorsque le navire s'enfonce littéralement dans une muraille de coton, la navigation devient dangereuse. Les marins sont avertis de la présence de la banquise par l'abaissement subit de la température au moyen d'un thermomètre placé au-dessous de la ligne de flottaison, mais néanmoins la manœuvre exige une telle précision, que la plupart des steamers s'arrêtent, attendant que la brume s'éclaircisse. Un navire lancé rencontrant une banquise coulerait à pic, comme s'il abordait une falaise.

Le soir, vers minuit, on signale les feux du détroit de Belle-Ile, et le lendemain, au lever du soleil, je contemple à ma droite les rivages du Labrador, tandis qu'à gauche se dessine la côte de Terre-Neuve. Le Labrador! En même temps que ce nom superbe fait rêver des somptuosités de la nature tropicale, la curiosité se trouve piquée devant cette terre dont les habitants sont des Esquimaux. Voici le pays tel qu'il défile sous mes yeux : un premier plan composé de collines rondes, pierreuses, que bat le flot, puis, par-dessus, dans le lointain, des montagnes élevées, extrêmement escarpées, toutes blanches, rayées de veines bleuâtres. Parfois, les collines s'écartent et l'on aperçoit alors des vallées d'une aridité inimaginable. Sans trace nulle part d'arbres, d'habitation ni d'hommes. Des glaçons, des fragments de banquises pareils à d'énormes morceaux de sucre sont échoués sur le rivage. Au commencement de l'hiver, les glaces se prennent ici et, suivant l'expression de Michelet, imposent le repos à la mer. Alors l'itinéraire de la ligne se trouve changé; c'est Halifax au lieu de Québec qui devient le point d'arrêt des navires.

La côte de Terre-Neuve est plus accidentée. On distingue des montagnes, des falaises, des caps d'un brun roux uniforme, comme si l'on avait étendu sur les saillies de ce sol une étoffe couleur capucin. Pas non plus un seul vestige humain.

Le navire entre dans le golfe du Saint-Laurent. Ce golfe, qui passe pour le séjour favori des baleines pendant la saison d'été, avait joué un rôle considérable dans les conversations du bord. Il était attendu avidement, comme l'on attend au théâtre la scène empoignante. Toute la journée des passagers, appuyés sur les bastingages, guettent, s'imaginant à chaque instant apercevoir les jets d'eau qui jaillissent des narines de ces bêtes, lorsqu'elles viennent respirer à la surface de l'eau. Parfois, quelqu'un annonce qu'il a vu un dos noir, alors tout le monde se précipite de son côté, et l'on ne voit rien du tout. Pour moi, après m'être longtemps crevé en vain les yeux sur les flots miroitants, j'aperçus tout à coup un petit souffleur qui lançait un jet si modeste, qu'il me vint à l'esprit une comparaison drôle, plus facile à se représenter qu'à dire. Je ne fis part à personne de ma découverte et le petit souffleur opéra pour moi seul.

Une côte basse, d'apparence broussailleuse et rousse, se présente. C'est la pointe de l'île d'Anticosti. Cette île, longue de soixante lieues et large de douze, est inhabitée par les hommes, mais peuplée de bêtes et d'oiseaux de mer qui, n'étant jamais troublés, offrent aux chasseurs les premiers tirés du monde. Des animaux extraordinaires y vivent qu'on ne rencontre pas ailleurs et dont les ancêtres provenaient des navires naufragés sur ces rivages. Des taureaux et des vaches, des cochons, des chiens échappés aux flots se sont reproduits là et ont fondé des races sauvages et féroces. Quant aux ours, en si grand nombre qu'ils ont fait donner à l'île son nom, qui signifie « lieu de chasse à l'ours, » ils sont arrivés du continent sur des glaçons durant les hivers. Les chasseurs hardis, ceux que lassent les triomphes faciles et que ne rebutent pas le danger certain et la dureté de la vie, trouveraient dans ces fourrés vierges des émotions neuves et violentes.

Pour l'instant, cette île effrayante est à vendre. L'homme aventureux qui l'achèterait ferait peut-être une grande fortune avec le seul produit des naufrages. Dans ces dix dernières années, il s'est perdu sur Anticosti plus de deux cents navires.

Tandis que les côtes rousses de l'île s'éloignent, les montagnes de la Gaspésie montent sur la mer pareilles à des dômes violets. Le steamer s'en rapproche de plus en plus. A présent, il est entré dans le Saint-Laurent, dont la rive opposée semble une ligne de brumes à l'horizon. Les brumes deviendront solides à mesure que nous avancerons; mais longtemps encore le regard n'apercevra que des masses confuses et molles comme des nuages.

Pour dire ce que je pense du Saint-Laurent, il faut que je transpose un mot, — c'est un mâle. Il donne l'impression de la puissance calme, harmonieuse et sûre d'elle-même. Il remplit jusqu'au bord son large lit et coule sans précipitation et sans bavure. Ces étendues d'eau immobiles, mornes, malsaines, plaquées comme des scrofules sur les flancs des grands fleuves anémiques, lui sont inconnues.

Lorsqu'une île jaillit de son sein, les contours en sont si nets et si purs qu'on dirait du métal ciselé. S'il s'irrite parfois, ce sont de franches colères, sans danger pour les navires, car son cours, toujours égal, n'est pas menteur. Il faut pourtant que cet athlète superbe et glorieux succombe. Sa lutte avec l'océan, qui vient au-devant de lui, est terrible; mais après sa chute, il triomphe encore longtemps des eaux salées avec les ondes claires des grands lacs américains.

Les montagnes qui le bordent sont peut-être élevées, mais en présence de tant de grandeur, elles s'évanouissent et semblent vulgaires. On rêve d'Alpes aux sommets neigeux pour lui servir de berges, au lieu de ces hauteurs rondes qui ressemblent à des soulèvements de taupe le long d'une avenue de parc royal.

Quelques maisons de pêcheurs sont semées sur l'étroit rivage que nous côtoyons maintenant, adossées aux croupes de la Gaspésie. A mesure que nous avancerons, les habitations deviendront plus nombreuses; mais ce n'est qu'à partir de Rimouski qu'elles formeront de vrais villages. Nous les verrons alors, groupées autour du clocher, comme nos paroisses françaises, se succéder d'une façon presque ininterrompue jusqu'à Québec.

Il y a dans le monde des pays chanceux, de même que certaines gens, par hasard. Rimouski, une misérable bourgade perdue dans un recoin du vaste fleuve, devient subitement célèbre parce qu'elle se trouve à un coude du chemin de fer intercolonial et offre aux steamers arrivant d'Europe leur premier point de contact avec une voie ferrée sur le continent américain.

Tout à coup le *Parisian* s'arrête. Cette brusque immobilité, après une agitation discontinue depuis l'escale d'Irlande, surprend et détend les nerfs délicieusement. L'on voit apparaître des figures inconnues, restées enfouies dans les flancs du navire. Même le vieillard dont je partageais la cabine s'est hissé sur le pont et me sourit en montrant une dentition de requin. — Les rapports qui s'étaient aigris s'adoucissent, — l'harmonie devient universelle, et un bal s'organise, tandis qu'un petit vapeur emporte à Rimouski les voyageurs pressés et le courrier d'Europe. Demain, dans la matinée, Québec et le repos.

II

IL est six heures du matin. Je monte sur le pont. Nous côtoyons une île longue de sept lieues, d'un vert frais et vigoureux, qui porte le nom d'île d'Orléans. Tout à coup le fleuve s'élargit, et, au fond d'une vaste baie, sur un cap, assise comme sur un trône, Québec apparaît éclairée des feux du soleil levant.

Québec! Quelle fille charmante du vieux Saint-Laurent! Quel bijou exquis dont le Canada a paré ses nudités sévères! Elle est petite et ramassée, elle ne présente pas de palais, de monuments d'art, ni jardins ni verdure, et son port est désert; elle n'est douée d'aucun des charmes qui font les villes célèbres, — et pourtant elle captive, elle ensorcèle, car elle possède ce je ne sais quoi d'inexprimable qui surprend et grise l'esprit. Elle possède le chic, le chic par lequel triomphe la femme sans beauté qui accroche le cœur en passant, parce qu'elle sait donner une tape à son chapeau et relever sa jupe.

Les maisons qui dégringolent jusqu'au fleuve sont surmontées d'une vieille citadelle branlante, ornée de canons noirs vénérables et ridicules qui ont tonné jadis contre l'Anglais. Elle envoie vers le ciel comme une floraison extraordinaire, une infinité de clochers, de saints, de vierges, de christs par lesquels elle exprime l'ardeur religieuse de son âme. Par un goût délicat, qui annonce la ville de qualité, elle a rebâti ses remparts sans souci de ses intérêts matériels sacrifiés, montrant ainsi aux cités roturières de

l'Amérique qu'elle est de noble souche et a droit
à leurs hommages.

Le décor est merveilleux. Voici à droite, par-
dessus les forêts de l'île d'Orléans, la cascade
de Montmorency, qui ressemble à un flot de
neige croulante, puis la chaîne des Laurentides,
lesquelles ne sont ni pittoresques, ni belles, mais
revêtues d'une grâce légère et harmonieuse,

Plus belle encor que la beauté.

Elles ferment l'horizon autour de Québec,
qu'elles protègent de leurs escarpements bleutés,
doux comme des draperies de velours. De l'autre
côté, on aperçoit les maisons de Saint-Joseph,
de Lévis, semées dans un désordre charmant
parmi des sapins et des érables le long du
fleuve.

L'ensemble est inimaginablement beau. La
ville, les montagnes et l'eau donnent à l'âme une
telle fête, que l'on voudrait demeurer toujours
en cet endroit, ne plus bouger, de crainte qu'en
approchant, les rapports ne se rompent et le

charme ne s’envole. Ainsi, lorsqu’on approche d’un tableau pour considérer le faire du peintre, le rêve artiste disparaît.

Nous dépassons la pointe de l’île d’Orléans, bordée de rochers sombres et peuplée de chalets blancs qui se détachent avec des airs coquets sur les masses vertes des bois. Cette pointe a été baptisée Sainte-Pétronille; mais comme les belles jeunes filles qui portent de vilains noms, elle rend charmant son nom ridicule.

A ce moment où le navire s’avance dans la baie, le Saint-Laurent semble avoir disparu, mais disparu comme s’il se terminait là brusquement au pied de la ville. Il faut qu’on me le montre remontant à gauche, entre Québec et Lévis, pressé par les hautes berges des rives et infiniment diminué. Il ne reprendra plus sa splendeur ancienne, mais il restera encore le roi de tous nos fleuves européens jusqu’au lac Ontario qui lui donne la vie.

Bientôt je me sépare du steamer, de mes compagnons, des miss; je romps mes relations avec une hâte presque désobligeante, car pour l'instant je n'éprouve qu'un désir, impérieux comme une passion, celui de m'étendre dans un grand lit et d'y dormir indéfiniment.

Se promener dans Québec ou sur les flancs d'une montagne, c'est exactement la même chose. Il faut ou monter ou descendre. Parfois l'on rencontre des terrasses, des terre-pleins où l'on peut marcher horizontalement et jouir de la vue. — C'est bien une cité aristocratique et fière. Enfermée dans ses remparts, elle a rejeté le commerce dans les faubourgs comme une bavure et ne correspond avec eux que par des escaliers dérobés, pareils à des escaliers de service. Elle fleure un parfum de douairière, avec ses rues mortes, ses maisons closes, mystérieuses, ses églises, ses couvents, son immense appareil de piété. Et pourtant la première impression qu'elle me fit est singulière et drôle — et pas facile à dire.

Le lendemain de mon arrivée, en pénétrant dans une de ces rues silencieuses, je fus frappé tout à coup par la dimension inusitée des numéros qui distinguaient les maisons. Ils étaient énormes, ces numéros, et peints avec des couleurs criardes, de façon qu'ils troublèrent mon esprit d'abord. Puis lorsque je considérai l'entrée de ces demeures, défendue par deux portes, la première en bois massif, la seconde munie de vitres de couleurs, je ne doutai plus que le hasard malin n'eût conduit mes pas dans le quartier consacré aux plaisirs faciles et tarifés. Et j'admirai combien cette ville était sage, tenant en égal souci le salut des âmes et l'agrément du pauvre corps mortel. Mais voici que la rue suivante offre la même particularité, puis une place voisine de la cathédrale. Alors j'eus un moment d'ahurissement; je me demandai si cette ville n'était pas un immense lieu d'amour, peuplé de Madeleines attendant leur repentance. Une maison notamment, collée à l'église, présentait un numéro si colossal, d'un or si neuf, si aveuglant, qu'il eût ameuté chez nous les amateurs émerveillés. Suffoqué, j'arrêtai timidement un passant et je lui dis tout bas :

— Quelle est donc cette habitation ?

— C'est le presbytère, me répondit-il.

Eh bien ! malgré son aspect monastique, on se promènerait indéfiniment dans cette ville sans s'ennuyer, parce que les rues bâties à la diable suivant les caprices de la butte sont amusantes, pleines d'imprévu, égayées par la lumière du jour qui pénètre à flots entre les maisons; parce que le regard, à toutes les trouées, plonge sur de merveilleux paysages. — Soit qu'il se porte sur la vaste plaine que ferment les Laurentides, soit qu'il se trouve en face de l'île d'Orléans, qu'il considère la fuite du fleuve, le golfe ou les rives de Lévis, le spectacle est de toutes parts incomparablement grand. Dans ces horizons froids et nus, on ne rencontre pas les couleurs, les nuances infinies de lumière qui donnent tant de charme à nos contrées. Ce que l'on goûte ici seulement, c'est l'ivresse de la pure grandeur, mais je ne crois pas qu'il y ait au monde un lieu où elle s'offre avec plus de puissance.

Cependant j'éprouvais un sentiment pénible

que je ne m'expliquais pas, comme la déception que vous causerait une jeune femme présentant un visage charmant avec un œil mort. Par la suite je me rendis compte que, tout bonnement, la ville manquait de cafés. Ces lieux de réunion si nombreux chez nous, qui projettent sur la voie publique tant de gaieté claire et vibrante, sont inconnus au Canada. Ils sont remplacés par des bars noirs, pareils à des arrière-boutiques, où la population s'enivre obscurément et consciencieusement avec d'horribles boissons. C'est la méthode anglaise qui a prévalu. — Je remarquai pourtant dans le beau quartier un établissement qui ressemblait à un cabaret, et, comme je m'en approchais réjoui, je me trouvai en présence d'une buvette où se débitait uniquement une eau nommée de Saint-Léon, célèbre par ses vertus purgatives.

Comme parfois il faut peu de chose pour pénétrer dans un être et le deviner! Un détail de toilette, en apparence insignifiant, vous livre une âme plus que de longues conversations où toujours chacun s'arrange pour être vu dans la pose qui lui plaît. — Quand on a fait le tour de Québec, on connaît la faiblesse de l'habitant. Partout où se rencontre un espace libre, promenade, terrasse ou jardin, l'œil s'accroche à de vieux ustensiles de guerre passés à l'état d'ornements. Même des particuliers en ont assaisonné leurs propriétés. On sent que l'habitant attache une importance extrême à ces canons d'antan, à ces petits tas de boulets semblables à de gros presse-papiers qu'il soigne et époussète comme des objets d'art. Il les étale ainsi que des quartiers de noblesse, avec la vanité enfantine des familles trop jeunes pour avoir pris part aux croisades, qui s'enorgueillissent d'un portrait sacré d'aïeul ayant porté perruque.

Les églises, les monuments sont d'une indigence d'art absolue. Vus de loin, ils meublent admirablement le ciel, de près ils navrent l'esprit.

Le socle d'une espèce d'obélisque élevé à la mémoire des généraux français et anglais, Montcalm et Wolfe, tombés en face l'un de l'autre dans le même combat, porte une inscription qui ne déparerait pas une stèle antique. La voici telle que je l'ai copiée :

Mortem virtus communem
Famam historia
Monumentum posteritas
Dedit.

Ce qui veut dire en français libre :

Le courage les ayant réunis
Dans une mort commune,
L'histoire leur donnera une égale gloire
Et la postérité un même tombeau.

N'est-ce pas que cette inscription frappe soudainement et exalte la pensée ? On dirait que ces peuples neufs savent trouver les assemblages de mots qui éveillent le sublime dormant au fond des âmes humaines. Par exemple l'épitaphe de Washington :

« Grand dans la paix, grand dans la guerre, grand dans le cœur de ses concitoyens. »

M. Beugnot, qui fut chargé officiellement de

faire vibrer les Français de la Restauration, n'eût pas mieux rencontré.

L'enceinte relevée est légère, délicate et jolie comme une monture ancienne enchâssant une pierre précieuse. — L'idée patriotique et fière a presque enfanté une œuvre d'art. — Lorsqu'on a franchi les portes, on se trouve en présence, sur le point culminant de la montagne, d'un édifice colossal et lourd qui abrite le parlement, les ministres, toute l'administration de la province. Au-dessus de l'entrée principale, sur un écusson, des armes gravées rappellent le souvenir de l'ancienne patrie parmi les attributs du Canada. Les fleurs de Lis de France s'y rencontrent avec le Castor et la feuille d'érable, en face du Léopard anglais, soulignées par la devise simple et touchante : « Je me souviens. » — Des niches pratiquées dans les murs attendent les statues des hommes qui ont illustré le pays. Peut-être ces bronzes éclaireront-ils cette façade glacée. Un gouverneur du Canada, le comte de Frontenac, venait d'être installé en belle place à gauche.

On cite de lui la réponse lacédémonienne qu'il fit à l'envoyé de l'amiral Phipps le sollicitant de rendre la ville : « Dites à votre maître que je lui répondrai par la bouche de mes canons. » — C'était d'autant plus crâne qu'avec d'infimes moyens de défense il battit absolument l'amiral anglais.

Avec ce souvenir glorieux, il a laissé la réputation d'un bon administrateur, mais aussi celle d'un déplorable époux. Mme de Frontenac était une des plus belles personnes du royaume, amie de Mme de Maintenon et fort bien en cour, qui, pour se débarrasser de son mari, le fit expédier au Canada. Il s'est vengé en rendant son nom immortel.

La niche de droite attendait Wolfe qu'on est en train de couler à Paris.

C'est d'abord singulier ce patriotisme mi-parti, cette association des vainqueurs et des vaincus dans une égale apothéose. On ne s'explique pas de suite cet état d'âme tel qu'il est véritablement — à la fois sentimental et rusé.

Les Canadiens français aiment la France dont ils sont sortis, mais ils sentent la nécessité de ménager l'Angleterre. Ils se sont donc fabriqué une patrie fictive, honorant dans un même culte des gens qui se battaient avec fureur il y a cent cinquante ans.

Mais l'amour de l'ancienne patrie est néanmoins mal endigué — surtout chez le populaire, plus généreux par nature et moins compliqué. Il se déchaîne parfois furieusement autour d'un emblème, d'un vieux drapeau qui a abrité une victoire de Montcalm dans un lieu appelé Carillon, sur les bords du lac Champlain. Le peuple promène alors cette loque blanche fleurdelysée comme une relique à travers la ville avec des démonstrations qui ne doivent pas laisser de doute à l'Angleterre sur la sympathie qu'elle inspire.

J'ai entendu réciter des strophes qui m'ont paru belles, sur ce drapeau, et dont l'auteur est un libraire de Québec, nommé Octave Crémazie.

C'est une physionomie intéressante que celle

de ce libraire canadien, passionné de littérature,
dont la boutique était devenue le lieu de réunion de tous ceux qui aimaient la langue française. Au lieu de commercer comme les autres, il
tenait bureau d'esprit et faisait des vers. Naturellement il mourut dans l'infortune, mais sa mémoire mérite de ne pas mourir.

Voici les strophes que j'ai recueillies parmi
celles qui me furent récitées :

O Carillon, je te revois encore,
Non plus, hélas ! comme en ces jours bénis
Où dans tes murs la trompette sonore
Pour te sauver nous avait réunis.
Je viens à toi, quand mon âme succombe
Et sent déjà son courage faiblir.
Oui, près de toi, venant chercher ma tombe,
Pour mon drapeau je viens ici mourir.

Mes compagnons, d'une vaine espérance
Berçant encor leurs cœurs toujours français,
Les yeux tournés du côté de la France,
Diront souvent : « Reviendront-ils jamais ? »
L'illusion consolera leur vie ;
Moi, sans espoir, quand mes jours vont finir,
Et sans entendre une parole amie,
Pour mon drapeau je viens ici mourir.

Cet étendard qu'au grand jour des batailles,
Noble Montcalm, tu plaças dans ma main,
Cet étendard qu'aux portes de Versailles,
Naguère, hélas, je déployais en vain,
Je le remets aux champs où de ta gloire
Vivra toujours l'immortel souvenir,
Et dans ma tombe emportant ta mémoire,
Pour mon drapeau je viens ici mourir.

Les personnes instruites aiment la France, sa langue, cultivent pieusement leurs souvenirs, mais ne regrettent pas le passé. Je n'en ai pas rencontré une seule qui ne s'applaudisse de la suzeraineté de l'Angleterre.

« Que voulez-vous, me disait-on, avec la France nous aurions trop d'ennuis. Outre qu'elle change continuellement de gouvernement, elle nous aurait entraînés dans des guerres et des révolutions épouvantables. Elle nous appliquerait quelque système colonial sous lequel nous étoufferions. Ses bienfaits coûtent cher. Voyez ses colonies, qui vivent d'une vie factice, toujours mourantes, malgré les sacrifices énormes qu'elle s'impose. — Le lien de l'Angleterre est doux maintenant.

Nous profitons du prestige de son drapeau, de son commerce immense, sans être tenus, vis-à-vis d'elle, à aucun devoir. Notre dépendance est devenue nominale et se manifeste uniquement par l'emploi de formules respectueuses à l'égard de la reine et de son représentant. — Nous combattons courtoisement pour le triomphe de notre race, et, si nous ne sommes pas riches, du moins nous ne sommes pas malheureux. »

Généralement on ajoutait quelques paroles pénibles pour Mme de Pompadour et pour Voltaire, pour Voltaire surtout, en leur attribuant l'abandon du Canada.

Bien malins ceux qui savent par qui et pour quoi sont décidées les résolutions des maîtres des nations. On en sera toujours réduit à des conjectures sur les causes qui les produisent. En dehors des faits qui éclatent aux yeux comme une bataille que peut raconter l'histoire, si ce n'est des apparences et des impressions? Est-ce que la plupart du temps nos actions ne sont pas déterminées par de petits faits matériels imperceptibles, inavouables, dont nous ne nous rendons même pas compte? Qui peut dire l'effet d'un nuage qui passe sur un ministre rhumatisant? d'un regard de femme jeté dans la rue au secrétaire d'un homme en place? moins que cela, d'un mauvais cigare sur un maître quelconque de nos destinées? Voltaire prétend que Charles IX a laissé s'accomplir la Saint-Barthélemy parce qu'il était constipé. Il raconte peut-être la vérité plus que les historiens appuyés sur des documents qui ont expliqué savamment les causes de cette tuerie. — Dans son clair bon sens il a écrit que les trois quarts du Canada consistaient en des déserts glacés et ne valaient rien. Il ne s'est point trompé. Par exemple il suffit du dernier quart pour faire regretter toujours à la France la perte de sa colonie. Sait-on que la province de Québec, à elle seule, est plus vaste que l'Autriche-Hongrie?

Si nous avions possédé le Tonkin en 1870, beaucoup de gens sans doute se seraient trouvés pour en conseiller l'abandon, qui n'eussent pas mérité de mauvaises paroles. — Est-ce que le Canada jouait un rôle bien différent au siècle dernier?

Par une destinée singulière, l'histoire française de ce pays, le plus morose de la terre, est encadrée dans un bon mot royal et une boutade de philosophe spirituel et paradoxal.

Comme les rois d'Espagne et de Portugal se récriaient en apprenant que Joseph Cartier avait été chargé par François Ier d'une entreprise au nord de l'Amérique. Le roi de France se mit à rire et dit : « Eh quoi, ils partagent tranquillement entre eux toute l'Amérique, sans souffrir que j'y prenne part comme leur frère! Je voudrais bien voir l'article du testament d'Adam qui leur lègue ce vaste héritage. »

« Vous connaissez l'Angleterre, dit Candide à Martin; y est-on aussi fou qu'en France? — C'est une autre espèce de folie, répondit Martin. Vous savez que ces deux nations sont en guerre pour quelques arpents de neige vers le Canada et qu'elles dépensent pour cette belle guerre beaucoup plus que tout le Canada ne vaut. »

Les Canadiens auraient oublié les « déserts glacés, » mais « les arpents de neige » leur sont restés sur le cœur. La pointe fine de la raillerie blesse plus profondément que l'austère vérité !

Soit oubli, soit crainte de froisser les susceptibilités anglaises, pendant près d'un siècle le Canada resta mort pour la France. En 1855 seulement on s'avisa qu'il existait. La frégate la *Capricieuse* fut envoyée à Québec pour nouer des relations commerciales entre les deux pays. La vue des trois couleurs fit délirer les populations, qui accueillirent le commandant avec de tels transports que cet officier en fut submergé et se trouva compromis. On lui démontra, à son retour, qu'il avait écouté son cœur aux dépens de sa consigne. — Puis plus tard, le prince Napoléon envoya une Bellone en bronze pour être placée sur la colonne commémorative de la bataille de Sainte-Foye. Malgré l'origine du cadeau et fidèles au système de bascule qu'ils ont adopté, les Canadiens ont gravé dans le socle du monument les noms des deux adversaires : Lévis, le vainqueur, et Murray, le vaincu. — Aujourd'hui le drapeau français flotte à Québec. Il flotte au sommet du kiosque qui abrite les musiciens les jours de fête, sur la promenade, aux pieds de la citadelle. La place peut-être ne paraîtra pas avantageuse, mais le drapeau est immense, et, lorsque le vent n'agite pas ses plis, il traîne jusqu'à terre, comme les rubans des nourrices appartenant à d'opulentes familles. — En outre, un navire de l'État, chargé du gouvernement du fleuve, porte en lettres d'or le nom de Napoléon III. L'apparition de ce nom, banni en France, honoré sur cette rive lointaine, me fit tressaillir, évoquant à mon esprit une époque disparue et pourtant voisine.

Au fond, il n'y a qu'une politique au Canada, celle des intérêts. Les deux partis en présence, les conservateurs et les libéraux, préconisent des méthodes différentes pour leur donner satisfaction, et luttent uniquement sur ce terrain. Le politicien, généralement avocat, abonde et ronge le pays. Sous l'apparence de poursuivre le bien public, il tâche de s'emparer des places et de faire sa fortune particulière. Le politicien passe d'un parti dans un autre, suivant l'avantage personnel qu'offre la variation. L'opinion, indulgente, sourit et ne s'effarouche pas. L'on voit que ces peuples neufs entendent la politique de la même manière pratique et large que les nations parlementaires du vieux continent.

Autrefois le clergé prenait une part active à la lutte. Aujourd'hui il se tient à l'écart, ou plutôt au-dessus du débat. Son prestige et son autorité en profitent incontestablement. Il ne retirerait, du reste, aucun avantage à se prononcer, car les deux partis l'honorent également et respectent son omnipotence. Il dominera toujours les pouvoirs publics, quels qu'ils soient, car ils périraient s'ils ne lui étaient pas soumis moralement.

Les mœurs électorales paraissent aussi avancées que les nôtres. Pourtant il a été employé, dans une élection récente, un procédé perfectionné que nous ignorons encore, je crois, en France. — Le voici : Un honorable membre du

Parlement devait se rendre, deux jours avant le scrutin, dans un territoire où son appui était réclamé par le candidat de son parti. Il arrive muni d'un sac de piastres et trouve à la gare une députation qui le salue respectueusement et déclare l'attendre pour le conduire à l'auberge, où un appartement lui a été retenu. Une voiture s'avance; on part; à l'auberge l'hôtelier s'empresse auprès du personnage considérable qui lui fait l'honneur de descendre chez lui, le conduit dans sa plus belle chambre et, en se retirant, ferme la porte à clef. On l'a nourri avec soin, traité avec égards, mais il n'a été remis en liberté que le soir du vote. Naturellement il y a procès, mais l'élection était acquise, — et tout le monde de rire.

La question qui préoccupe principalement les esprits est celle de l'annexion du Canada aux États-Unis. Isolés par des lois douanières féroces qui les enferment inexorablement dans le nord comme dans une prison, les Canadiens s'inquiètent et se demandent s'ils pourront longtemps supporter ce régime anémiant. Par l'annexion la muraille tomberait et la vie reviendrait à flots dans ce grand corps épuisé.

A ce sujet un homme d'État du pays, monseigneur Labelle, exprimait cette opinion : « A quoi bon, disait-il, nous confondre avec les États-Unis ? Ils sont destinés à se disloquer un jour ou l'autre, en raison de leurs éléments disparates. Nous subirions donc deux bouleversements : l'un pour nous réunir à eux, puis un autre pour reprendre notre autonomie. Il vaut mieux rester comme nous sommes et attendre patiemment la fin de la crise. »

Je ne crois pas que j'oublie jamais monseigneur Labelle. La première fois que je le rencontrai, c'était dans un salon à Paris, fumant sa pipe en terre et lampant son eau-de-vie après déjeuner, au milieu des dames. Son corps colossal, ses gestes exubérants stupéfiaient d'abord, mais sa tête fine, napoléonienne, éclairée d'un sourire charmant, vous prenait irrésistiblement comme par un coup de filet. Il était à la fois extraordinaire et séduisant. Il parlait avec une verve grossière, intarissable, crachant les mots avec la salive par la brèche de ses dents absentes, mais il parlait de son Canada, alors il captivait, car dans ses paroles triviales et incohérentes on sentait battre un grand cœur. Ses exagérations, énormes comme lui-même, avaient l'air si naturelles qu'il ne serait venu à l'idée de personne de les mettre en doute. C'est qu'il croyait ce qu'il disait. Il était artiste à sa manière et exprimait avec un relief vulgaire mais saisissant l'idéal qui l'enflammait, le plus élevé qui soit sur terre, la gloire de son Dieu et le triomphe de sa patrie.

Un jour, comme je l'engageais à revêtir l'habit civil, plus pratique en voyage, il me répondit :

« Voyez-vous, mon cher, un prêtre en bourgeois peut être tenté de mal faire. Il y a des moments où l'on a besoin d'être retenu par son habit. »

Aujourd'hui, monseigneur Labelle n'existe plus.

Est-ce que le Canada se doute de la perte

qu'il vient de faire ? J'ai été surpris là-bas d'entendre critiquer ses manières frustes, discuter son intelligence, rabaisser les services qu'il rendait. Propos étroits de province, propos de compatriotes qui ne voient jamais l'un des leurs s'élever sans lui porter une envie rampante. Il faudrait qu'on fût persuadé, sur les bords du Saint-Laurent, qu'en monseigneur Labelle a disparu l'homme auquel le Canada doit d'avoir préoccupé nos esprits légers sur les rives de la Seine. Il représentait le Canada comme nos imaginations se plaisaient à se le figurer, et les femmes aimaient à mettre leurs mains délicates dans la main rude de ce frère prodigieux qui leur tombait du Nord.

Le lendemain, je prolongeai ma promenade du même côté. Il y a deux routes parallèles, l'une à droite domine la plaine des Laurentides, baignée par la rivière Saint-Charles, la seconde surplombe le Saint-Laurent dont elle suit le cours. Toutes les deux sont bordées de maisons de campagnes, de villas, de parcs d'où la vue est admirable. C'est dans ces lieux que se sont livrées les dernières batailles des Français. On ne rencontre pas un gamin du pays qui n'en connaisse le détail et n'en fasse un récit vivant. Non seulement les noms des chefs, de Montcalm, de Lévis, de Bougainville, sont familiers aux habitants, mais encore ils savent ceux des simples officiers ayant joué un rôle. J'avoue que je n'avais pas l'idée de cette épopée merveilleuse, et lorsqu'elle me fut contée dans les plaines d'Abraham et sur la côte de Sainte-Foye, je fus, moi aussi, sur le point de m'irriter contre Voltaire et Mme de Pompadour.

Mon conducteur me mena jusqu'à Sillery pour me faire visiter des bois où les sauvages, nos amis, accrochaient les chevelures scalpées des Anglais. A cet endroit, maintenant, est installé un pensionnat de jeunes filles tenu par les Dames de Fourvières, ce qui permet à l'esprit de modifier ses impressions agréablement.

Ces demoiselles se trouvant en vacances, j'obtins l'autorisation de visiter l'établissement. Il est très vaste, entouré d'arbres magnifiques et dans une situation unique, sur le coteau que baigne le fleuve. A la porte, on lit une pancarte en lettres énormes : *Les parents des élèves sont reçus les jeudis, de telle heure à telle heure. — Les cousins ne sont pas admis.* — Pauvres cousins ! Ils se rattraperont plus tard naturellement, mais comme ces moinesses possèdent l'expérience des cœurs !

Une vieille, à la physionomie très maligne, me conduisit dans le dortoir des grandes. Tous ces lits blancs, alignés, enveloppés de rideaux blancs, sont extrêmement capiteux, mais c'est une ivresse fraîche et salubre qui s'empare de l'esprit. Ces chastes lieux déserts imprégnés du souffle pur des vierges troublent d'une façon autrement puissante que les maisons d'amour où l'écœurement saisit à la gorge malgré le commandement de la nature impérieuse et les efforts plastiques déployés par des recluses choisies.

Et pourtant la plupart de ces jeunes filles sont sans beauté, car la beauté par tous pays est un fruit rare, mais elles représentent la poésie, l'inconnu mystérieux et charmant sans lequel les portes sacrées de l'amour ne s'ouvrent point.

Que de jolies choses doivent être rêvées sur ces oreillers simples et douillets! Que de Silvios en pourpoint de velours, à éperons d'or, rôdent sans bruit parmi ces allées muettes, à la lueur pâle des veilleuses. Combien de désirs, d'espérances, d'illusions naissent ici, que l'âpre vie attend à la porte. Qui saura jamais...

J'entendis tout à coup une grosse voix qui disait :

« Oui, monsieur, c'est notre méthode et nous en obtenons les meilleurs effets. »

Et il me sembla que la vieille me retirait brusquement des mains un bouquet de fleurs des bois mouillées de la rosée du matin.

Alors je me fais répéter la méthode du couvent, laquelle ne me semble pas trop bête. Voici en quoi elle consiste ;

Les classes n'existent pas telles que nous les comprenons. Les élèves sont groupées selon leur mérite dans les différentes facultés. Une jeune fille de dix-huit ans par exemple qui ne comprendrait rien à l'arithmétique, suivrait pour cette partie le cours élémentaire, tandis qu'une enfant contrairement douée serait admise au cours des grandes sur cette matière. Ce sont des associations de force et non point des catégories où chaque élève, irrémédiablement enfermée, est exposée à écouter des leçons auxquelles elle n'entend rien et dont elle ne peut profiter. Qui de nous n'a pas suivi des cours désespérants où l'on perdait son temps autant qu'à regarder voler les mouches?

III

A Jeune-Lorette. — Un joli nom et une situation charmante. Sur la pente mourante des Laurentides, à la frontière des bois, une ligne de maisons blanches d'où l'on aperçoit à l'horizon Québec, dont les fumées montent au ciel comme des vapeurs d'encens, et le Saint-Laurent qui ressemble en ce moment à une large route d'azur dans la campagne verte.

Toutes les maisons du pays, même les plus

humbles, sont exhaussées de façon à ce que, durant l'hiver, les portes ne soient pas murées par la neige qui tombe en quantité prodigieuse. Les portes ouvrent sur une terrasse qu'un escalier met en communication avec le sol. Quand les habitations possèdent un étage supérieur, elles sont entourées d'une seconde terrasse et prennent alors l'apparence de chalets suisses, de chalets un peu lourds, mais qui, néanmoins, ornent gracieusement le paysage. Sur ces terrasses sont placées les chaises berceuses, où se balancent interminablement les jeunes filles, leur travail emmêlé aux doigts. Partout l'on rencontre la chaise berceuse; elle fait partie du mobilier indispensable comme le lit. C'est sans doute le seul adoucissement permis par le rude hiver, car la mollesse est inconnue à ce peuple, condamné, pour vivre, à des batailles incessantes avec le climat et la terre.

J'avais été attiré en ce lieu par une réserve de sauvages. On appelle réserve une étendue de terre concédée à une tribu par le gouvernement, après qu'il l'a dépouillée de ses biens. Ce territoire est inaliénable, car autrement les sauvages l'auraient bientôt vendu pour quelques bouteilles de liqueurs fortes. Ces sauvages-là sont des descendants de Hurons. Leur village est situé à l'écart dans la forêt, composé de petites maisons de poupées très propres. Devant la demeure du grand-chef se dresse un mât, surmonté d'un morceau de bois sculpté figurant un castor. Cet animal jouit d'une grande considération dans tout le Canada, dont il est l'emblème officiel, — notre ancienne fleur de lis. Seulement on lui fait une telle guerre pour s'emparer de sa peau, qu'il a disparu prudemment. Il s'est retiré au nord, dans des régions désertes où, s'il ne rencontre pas les mêmes satisfactions d'amour-propre, il peut du moins se livrer en paix à son goût pour l'architecture.

Le grand-chef me reçoit. Je trouve un vieillard fin, presque distingué, vêtu comme nos paysans aisés, sans aucune trace de sang huron. Il me semble apercevoir quelques reflets safranés sur son visage, mais je crois que c'est par la grande envie que j'ai de ne point perdre une illusion. Il m'entretient des intérêts de sa tribu comme pourrait le faire un homme d'État considérable d'une grande nation. Il se plaint véhémentement de l'Angleterre, qui a ravi à ses ancêtres des domaines immenses pour les parquer là. Un jour, il est allé à Québec, revêtu de son costume officiel et muni des grimoires qui attribuaient à sa tribu la propriété de cette contrée, pour obtenir justice. Le ministre a gardé les grimoires et l'a renvoyé comblé de promesses dont il attend toujours l'effet.

Comme je témoigne le désir de le voir dans son costume officiel, il disparaît et revient bientôt accompagné de son épouse, habillés tous les deux de misérables défroques, indignes de figurer sur une parade de foire de village, reliques des ancêtres qui scalpaient les chevelures. Sa femme, une grosse dame qui a la bonne façon d'une riche campagnarde et manifeste une admiration respectueuse pour le grand-chef, m'offre des chaussures en peau jaune, fabriquées par les Hurons de la tribu, lesquels vivent de cette industrie. Comme je fais observer que la chaussure qu'elle me présente paraît un peu courte pour mon pied, le grand-chef me dit :

— Si ça ne vous trouble pas, essayez-la. Vous verrez, ça prête.

Et le voilà qui me déchausse, à genoux devant moi, en costume, ayant son casque sur la tête, dont les plumes me balaient la figure.

O Chingachgook, ô Grand-Serpent, j'espère que dans le ciel, où tu te livres à la grande chasse éternelle, l'affront t'a été évité de voir ton descendant dégénéré essayant des mocassins à un visage pâle qui a remporté sa chevelure.

Au moment où je le quittais, il me dit :

— J'aime la France ; au cas où vous auriez du nouveau, mandez-le-moi. Mon nom de civilisé est Maurice Bastien, et mon nom de sauvage Ajhoilen.

— Eh bien, je n'y manquerai pas, répondis-je ;

mais indiquez-moi une auberge où je puisse me réconforter, car je meurs de faim.

— Parfaitement. Vous trouverez sur le chemin, à main droite, l'hôtel du ***, qui est tenu par une de mes filles. Vous vous recommanderez de moi.

Je fus en effet très bien nourri, ce qui me consola sur l'instant de mes illusions perdues.

Comme je rentrais à Québec, je me trouvai au milieu d'une foule endimanchée qui se dirigeait vers une église pour rendre honneur à un saint très important dont c'était la fête. Je me joignis à cette foule, afin d'examiner les femmes. A ce point de vue, les offices religieux constituent une des distractions les plus séduisantes que je connaisse, d'une qualité bien supérieure à celles qu'offrent les bals et les réunions du monde. Dans une foule invitée, le personnel se trouve toujours limité par les exigences sociales, tandis qu'à l'église l'on embrasse d'un regard la fleur d'un pays, — les paysannes fraîches dont le corps, sans tromperie, apparaît moulé sous la robe, comme un fruit sous sa peau, les grisettes chiffonnées émoustillantes, les dames parées, semblables à des plantes de luxe. L'œil cruel erre, détaille, étudie et transmet à l'imagination ravie le choix qu'il a fait. Qu'y a-t-il de plus enivrant que d'observer, sans qu'elle s'en doute, une créature charmante dans le recueillement d'une église. Une attitude, une flexion du cou, un geste familier, la manière de s'asseoir, de s'agenouiller, de tenir le livre de piété, un détail de toilette vous ouvrent sur ses beautés cachées, sur sa pensée, sur sa vie, des horizons infinis et délicieux. Combien de fois n'ai-je point maudit la sonnerie de la clochette qui me tirait de mon rêve pour me précipiter dans la réalité imbécile !

Dans cette église canadienne, ce qui frappe d'abord, c'est la quantité d'hommes que la foi, une foi rude et solide, conduit aux pieds des au-tels. Le nombre en est si grand, que les femmes disparaissent, noyées dans les flots sombres des redingotes. Il faut les en extraire, et l'opération est ingrate, parce qu'elle ne reçoit pas sa récompense. Y avait-il là de belles filles? Cela doit être, mais je n'en sais rien. Ce que je sais, c'est que jamais, en aucun lieu, je n'ai rencontré de créatures privées à ce point de grâce et de charmes féminins. Elles donnent la sensation de fleurs épaisses qui n'auraient ni couleur ni parfum. Par exemple, elles doivent admirablement apparier leurs mâles, pour perpétuer la race forte et massive qu'exige la conquête de cette terre de misère.

Diderot, qui demandait à voir dans la femme le premier domicile de l'homme, se plaignant de l'art qui lui montrait toujours celui du plaisir, eût rencontré en ces corps de Canadiennes son idéal réalisé. Les hanches et les reins que j'avais sous les yeux possédaient à l'excès le caractère de sources génératrices qu'il réclamait aux artistes de son temps.

Philosophant d'autre façon, je m'éloignai, déçu et un peu dégoûté. Ayant gravi les escaliers qui conduisent dans la ville haute, je me trouvai tout à coup devant la citadelle. L'idée me vint d'y entrer.

La citadelle est gardée par un régiment de miliciens pris dans le pays et qui constitue à lui seul la force armée du Dominion. Leur uniforme est gentil : veste et pantalon bleus, avec des broderies jaunes, et comme coiffure, le petit toquet gracieux en usage dans l'armée anglaise. A la porte, un adjudant grattait la tête d'un ours noir qui semblait pâmé sous cette caresse. Je grattai aussi la tête de l'ours, dont les petits yeux me regardèrent avec bienveillance, et j'obtins l'autorisation de pénétrer, — toutefois, avec l'accompagnement d'un soldat.

La vue est magnifique, car, de là-haut, tous les horizons se découvrent à la fois. Tandis que le soldat me récitait l'histoire de la citadelle, je regardais le soleil en train de se coucher. Les couchers de soleil dans ces régions du nord ne sont pas pareils aux nôtres. Cette poussière lumineuse, ces brumes blondes au milieu desquelles l'astre disparaît chez nous, ces merveilles de lumière dont Claude Gelée et parfois Turner ont fixé la poésie, n'existent pas ici. Tout est net, tout est dur, tout est coupant. Les objets se détachent sur un fond d'or, plaqué à l'horizon d'un or safrané, cru, qui donne une sensation de froid. — Et pourtant, quoiqu'il ne sorte aucune ardeur, aucune flamme de cette lumière qui semble métallisée, le paysage se teint de couleurs chaudes d'une intensité extraordinaire. — Les maisons de Lévis avaient quitté leur pâleur pour devenir vermillonnées, et offraient l'aspect d'un village espagnol cuit par cent ans de soleil. Toute la campagne rougeoyait comme si elle eût réverbéré un incendie. Et parmi ces colorations ardentes le Saint-Laurent roulait des flots nacrés, éblouissants, semblables à de la clarté mouvante. Chose surprenante, on pouvait regarder l'astre en face, tandis que le paysage aveuglait.

I V

UN soir, l'abbé ***, auquel j'avais été recommandé depuis Paris, et qui s'était montré d'une grâce parfaite, me manda à son couvent d'urgence. C'était un homme long et maigre avec du ventre. Il avait le visage jauni par la bile et il cachait sous des verres fumés des yeux noirs et intelligents fatigués par l'éclat des neiges. Bourré d'érudition, il se plaisait aux disputes savantes où son esprit excellait. Il pratiquait toutes les vertus, mais une passion le ravageait secrètement, — la pêche. Le poisson l'obsédait.

Il me dit :

— Voulez-vous que nous allions, demain, pêcher le saumon? J'ai reçu une lettre de Boivin : il me signale un endroit où un Américain a pris quatre-vingts livres de poisson dans une seule journée. C'est dans la Metabetchouann, près du lac Saint-Jean. Nous ne retrouverons pas une pareille occasion.

Et l'abbé virait dans la chambre, les narines ouvertes, extrêmement agité.

J'acceptai avec entrain, et le lendemain, à une heure matinale, nous montions dans le *pulmann,* à destination du lac Saint-Jean. Nous nous trouvions seuls avec deux jeunes personnes très fraîches, assez jolies, mais gâtées par des toilettes extravagantes, bruissantes, dans lesquelles elles semblaient gênées, pareilles à des bonbons enfermés dans une papillote. — Elles se placent à l'autre bout du wagon, tapotent leurs robes, se font des mines, s'entretiennent à voix basse, et de temps en temps éclatent de rire.

L'abbé, avançant sa lèvre en bénitier, me dit :

— Ce sont les filles de quelque habitant des environs, qui viennent de faire des achats à la ville. Malgré tous ces embarras, ça n'a pas le sou.

— Allons, je vais dire mon bréviaire, regardez le paysage.

Ces pulmann, qui s'appellent ainsi du nom de leur inventeur, sont merveilleusement appropriés aux longs trajets. Outre qu'ils permettent de se dégourdir les jambes par la promenade, ils se transforment la nuit en dortoirs. Puis ils sont pourvus d'un *smoking room* (chambre à fumer), d'un salon-toilette et d'une cuisine. Un nègre plein de prévenances se tient à la disposition des voyageurs.

Assis sur un fauteuil à pivot qui permet de se tourner du côté où les regards sont attirés, je contemplais le paysage ainsi que le désirait l'abbé.

— Le train traversait l'admirable plaine de Québec, se dirigeant du côté des Laurentides, qui la ceinturent de leurs escarpements doux, teintés en ce moment d'un bleu léger fait de poussière de pastel. Pourquoi ces montagnes sont-elles toujours bleues ? Toujours je les ai vues ainsi, passant par toutes les nuances de cette couleur, suivant la transparence de l'air ou le mouvement des nuages. Sans doute elles ne la quittent que pour s'envelopper des fourrures blanches jetées sur elles par la neige dès l'automne. On dirait que ces montagnes savent que leurs formes gracieuses sont le charme de ce pays austère, et qu'elles doivent les habiller toujours de couleurs jeunes et amoureuses.

Derrière nous le faubourg commerçant de Québec et ses tanneries puantes, que dominent les clochers innombrables de la ville, parmi lesquels se distingue particulièrement un saint immense, tout doré, qui abuse du soleil levant pour faire étinceler l'art du quartier Saint-Sulpice sur les bords du Saint-Laurent.

Jamais je n'approche des montagnes sans émotion. Que serait la terre sans elles ? Il suffit d'avoir traversé la Beauce ou les plaines du Nord, qui produisent les betteraves, pour s'en faire une idée. Elles sont le décor splendide du monde et l'asile mystérieux où se réfugie l'âme errante de la nature. — Je ressens en leur présence une curiosité ardente et timide, comme devant la femme aimée qui se livre pour la première fois. Je voudrais avoir dans les mains des caresses assez larges et assez profondes pour posséder à la fois leurs charmes frais, variés et délicieux. — Aussi il me sembla commettre une violence quand le train, profitant d'une déchirure du sol, pénétra brutalement dans le sein des Laurentides et barbouilla de sa fumée noire une petite forêt de bouleaux délicats, dont les feuilles blondes se mirent à frissonner.

Tout de suite l'air change, et au lieu des brises salées qui couraient dans la plaine, ce sont de petits souffles doux, parfumés d'odeurs forestières, de terre humide et de sous-bois résineux.

Durant des heures et des heures, nous traversons des vallons étroits, tapissés jusqu'au sommet d'arbres verts, de bouleaux et de trembles, et au fond desquels courent de petites rivières furieuses ou dorment de petits lacs à l'eau couleur de thé foncé. Cette nature fait évidemment ce qu'elle peut pour paraître imposante et sauvage, elle n'est que prétentieuse et grimacière. Ses montagnes se haussent, se coiffent de sapins pour se grandir; elles essaient d'attitudes tourmentées pour effrayer le regard, et elles parviennent à donner tout juste l'impression d'Alpes naines grimpées sur un tabouret. — Les lacs sont innombrables et charmants — mais d'un charme triste, funéraire. A chaque détour on aperçoit, encastrée dans cette verdure sombre rayée des colonnettes blanches des bouleaux, une coupe d'eau noire qui semble couvrir des mystères, car elle ne reflète ni les arbres, ni les nuages, ni rien. Le soleil qui pénètre dans ces profondeurs semble frapper un bouclier d'acier bruni. — Et pourtant cette eau est pure. Les poissons s'y réjouissent, et les ours et les caribous qui s'y désaltèrent jouissent d'une parfaite santé. Il paraît qu'elle doit cette teinte bitumineuse aux écorces et aux feuilles qui y tombent depuis le commencement du monde.

Tout à coup l'abbé me cria en me jetant sous ses lunettes un regard sulfureux :

— Eh bien, qu'est-ce que vous faites ? Vous ne regardez pas le paysage ?

Je constatai qu'en effet je ne regardais plus le paysage; je m'étais inconsciemment rapproché des deux voyageuses, et je cherchais une phrase avenante et spirituelle pour engager la conversation. A l'air indifférent qu'elles avaient pris en apercevant mes manœuvres, il était évident qu'elles s'attendaient de ma part à une marque d'attention aimable.

L'abbé fit avec son index un signe crochu qui ressemblait à un hameçon, avec lequel il m'amena à lui d'une manière irrésistible.

— Elles ont trouvé moyen de vous reluquer; elles ont flairé le Parisien. — Restez ici et regardez le paysage. — Moi je vais dire un demi-chapelet et je suis à vous.

— Mais le paysage, c'est toujours la même chose, répondis-je d'un ton plaintif.

— Et les femmes, donc, est-ce que ce n'est pas toujours la même chose ?

L'abbé étant très malin, je craignis de succomber dans la discussion, et, malgré l'intérêt passionnant qu'elle présentait, je gardai le silence.

Nous arrivions au lac Edward. C'est un vrai lac avec des sinuosités, des îles, des bateaux, un peu de mouvement humain. Les montagnes s'écartent, il semble qu'on respire mieux. Le train s'arrête devant une maison où nous trouvons le lunch servi.

Malgré ma faim féroce, je m'inquiète de ce que deviennent nos compagnes. — Elles ont déployé des ombrelles rouge sang et filent à travers les prés comme des coquelicots fous, en gesticulant et riant. Elles se fichent de moi, c'est certain. L'hiver, quand la neige aura enseveli la contrée, au coin de leur poêle rougi, en se balançant sur leurs chaises berceuses, elles parleront de leur voyage à la ville et s'égayeront du Français qui n'a pas seulement trouvé moyen de leur dire qu'elles étaient jolies.

On me fait voir là un homme nommé Saint-Ange, qui offre l'exemple de ce que peut l'énergie jointe à l'intelligence dans les pays neufs. Il est arrivé le premier dans les Laurentides, avant qu'aucune voie n'y eût été frayée et qu'il fût question de traverser jamais ce massif de montagnes. Il a bâti une hutte dans la forêt vierge où il s'est installé avec sa femme. Les commencements ont été effroyables. La chevelure de Mme Saint-Ange n'était le matin qu'un paquet de frimas qu'elle faisait fondre au coin du poêle pour pouvoir se démêler. — Il a d'abord défriché, puis, lorsque des colons furent venus s'installer dans son voisinage, que les travaux de chemin de fer eurent été entrepris, il commerça, vendant à cette population isolée comme lui dans les bois, les objets indispensables à la vie. Eh bien, aujourd'hui, il est parvenu à la fortune et son nom est prononcé avec respect.

Il existe une tendance dans une fraction de la société française qui se rattache à l'ancien régime, à se diriger vers le Canada pour y tenter la grande culture. D'une part, la réputation dont jouit ce pays d'avoir conservé la foi religieuse des ancêtres, de l'autre, les résultats agricoles merveilleux que publie habilement le gouvernement canadien, séduisent parfois des gentilshommes campagnards endettés qui s'imaginent trouver là-bas, en même temps que le respect dû à leurs origines, les moyens de rétablir leurs affaires et de mener la grande vie.

Toujours ils achèvent de se ruiner et offrent, dans les villes où ils se réfugient en quête d'un petit emploi pour vivre, le plus lamentable spectacle.

C'est que pour réussir il faut savoir se battre contre toutes les misères de la vie primitive et ne point nourrir d'illusion. Il faudrait, dans nos vieux pays ignorants et naïfs, installer une chaire de colonisation dans laquelle M. Saint-Ange expliquerait son existence et raconterait les frimas qui poudraient à son réveil la chevelure de Mme Saint-Ange.

Quand nous remontons en wagon, nous y trouvons installé un gros Américain enfoui dans des hautes bottes et entouré d'engins extraordinaires, qui était venu de Philadelphie pour pêcher le brochet dans le lac Edward, et s'en allait au lac Kiskissink pour tâter de la truite. De même que dans nos pays vignobles il y a des crus privilégiés produisant les vins illustres, ainsi chacun de ces lacs renferme une spécialité de poisson renommée. Ce sont de véritables viviers qui attirent les amateurs de l'autre bout du continent américain. — Mais l'abbé m'apprend avec mélancolie que, dans quelques années, les poissons auront disparu par suite de la fréquentation de l'homme blanc, comme les castors et les sauvages.

Et nous recommençons à cotoyer de l'eau; nous apercevons une vallée dans laquelle s'étend avec la forme serpentine d'une anguille, le lac des Deux-Commissaires, le plus vaste de la ré-

gion des Laurentides. Puis les montagnes s'affaissent, le train s'arrête et l'on appelle « Cham-
bord. » Ce nom retentissant, donné sans doute
par quelque défricheur hanté du souvenir de sa
Touraine regrettée, est porté par une demi-douzaine de pauvres demeures semblables aux maisons de nos paysans.

Nous descendons du train qui continue jusqu'à
Roberval, point extrême de la ligne, et le lac
Saint-Jean s'étale tout à coup devant nous. C'est
une immense nappe d'eau aux rivages plats,
nus, où le regard se perd comme sur la mer. Le
ciel est gris, l'eau est grise, immobile, et semble
sommeiller. Aucun voile ne palpite sur cette
étendue. Sur les rivages, pas une maison, pas
une fumée, pas une trace d'homme ni d'être
vivant. Cette nature monotone, sans couleur,
sans relief, insensuelle, n'est pourtant pas vulgaire. Elle a une âme, mais une âme mélancolique comme les créatures abandonnées auxquelles le sourire est étranger. Elle vous pénètre
d'une émotion indécise, fine, rare, mais oppri-

mante, émotion que j'ai parfois rencontrée en me promenant sous les arcades nues des cloîtres où s'abritent les lassés de la vie. Par un effet singulier, cet horizon sans barrière me causait la même impression que la geôle des moines où le regard se brise contre des pierres.

— Allons, vite, en route, me cria l'abbé.

Il était déjà installé dans une de ces voitures du pays qui semblent s'accorder avec l'état de la vicinalité pour inspirer aux touristes le goût des voyages à pied. La vue seule de ces véhicules développait en moi des énergies de facteur rural. Construits en fer, pour résister aux chocs affreux qui se produisent sans cesse, très hauts sur roues et munis d'une armature grêle qui permet d'installer une capote en cas de pluie, ils ne sont dépourvus ni d'élégance ni de légèreté, assez semblables à ces araignées dont le petit corps vacille sur de longues pattes fragiles; seulement on y est secoué comme sur un caisson d'artillerie.

Il fallait au moins deux heures pour arriver à

l'établissement Boivin où nous devions coucher et préparer l'expédition. La route qui côtoyait le lac était à peu près supportable; mais, tandis que le jour s'évanouissait doucement, la pluie se mit à tomber, non pas une de ces averses d'orage qui passent comme une colère, laissant derrière elles deviner le ciel pur; c'était cette pluie ordonnée, méthodique, qui s'installe, devant laquelle il faut se résigner ou périr d'ennui. Alors je me demandai ce que je faisais là, si j'avais traversé l'Océan pour me livrer à la pêche à cette hauteur du globe, dans un endroit triste à mourir, par un temps affreux, avec un ecclésiastique que je ne connaissais pas et qui m'intimidait extrêmement. Enfoncé dans une tristesse noire, je regardais les piqûres de la pluie sur le lac, quand j'entendis la voix de l'abbé, qui murmurait habituellement quelques prières, s'élever tout à coup irritée et tonnante. Il entreprenait le conducteur, un gars de vingt-huit ans, et lui reprochait amèrement de ne pas être encore marié, car, à cet âge-là, dans ce pays, un homme qui n'est pas établi et père de famille passe pour un célibataire endurci et vit dans le mépris universel.

C'est ici que l'influence du clergé s'est exercée merveilleusement. Après l'abandon de la colonie par Louis XV, la race française, en ces lointaines contrées, disparaissait, s'il ne s'était pas trouvé des prêtres pour grouper les catholiques, les réconforter et les exciter à la reproduction comme le meilleur moyen de ressaisir le pays et la domination. De soixante mille serfs, en l'espace de cent années, ils ont fait deux millions d'hommes libres, avec lesquels doit compter l'Angleterre jalouse. Et le flot monte toujours. Dans les artères de la puissance, malgré les dépuratifs britanniques, roulent des globules victorieux de sang français. Et l'on a calculé que si la progression continuait sans se démentir, dans un demi-siècle notre race serait représentée de l'autre côté de l'Océan par neuf millions d'habitants; une vraie nation, une autre France bien curieuse, si elle conserve ses mœurs présentes. Mais les conservera-t-elle? Comme j'interrompais l'abbé pour lui soumettre ma réflexion, il me répondit : « Dans cinquante ans il y a beau temps que nous aurons le cou coupé. Notre tâche sera finie. Jouissons de notre reste. » Pour l'instant, les Canadiens s'acquittent généreusement des services rendus par le clergé. Outre qu'ils entretiennent leurs prêtres comme des fils de famille, ils leur témoignent une soumission aveugle, stupéfiante. Naturellement, il en résulte un étouffement moral absolu. Ainsi il est ordinaire qu'un évêque envoie officieusement un avertissement au directeur d'une feuille qui s'émancipe, et le directeur s'incline sans mot dire; une troupe de comédie qui ne soumettrait pas son programme à l'évêché risquerait de jouer devant des banquettes vides. Ce sont les mœurs du siècle dernier, mais pratiquées par un clergé pur et intelligent, et acceptées par les habitants. Cet air nous paraîtrait irrespirable à nous, mais que feraient ces populations qui luttent, sinon pour la vie, du moins pour les premiers droits de l'homme, l'usage de leur langue et la participation au gouvernement;

que feraient-elles du galimatias d'idées que nous remuons tous les matins ?

Voici une anecdote — authentique — qui témoigne de l'autorité et de la dignité de ce clergé : Un jour, un ministre, homme considérable, se présente dans un village dont les habitants s'étaient réunis pour le recevoir avec honneur. Parmi les personnes qui l'accompagnaient se trouvait la femme d'un de ses amis, laquelle, à tort ou à raison, passait pour sa maîtresse. Le curé de l'endroit se dirigea de son côté et lui adressa ce discours : « Monsieur le Ministre, je regrette qu'il ne me soit pas possible de vous recevoir sur le territoire de la paroisse en compagnie de Mme X... Revenez sans Mme X..., ou bien alors que M. X... accompagne sa femme, et vous serez le bienvenu. »

Et le ministre se retira.

Ne croirait-on pas entendre un évêque du moyen-âge interdisant le seuil de son église à un prince excommunié, avec une pointe d'humour moderne en plus ?

Cependant l'abbé attaquait ce garçon par ses instincts matériels, les seuls qui le puissent toucher, avec une telle violence d'images, que je sentis mes esprits animaux tout remués et que le désir chimérique et inconscient me vint de rencontrer chez Boivin le reste dont parle La Fontaine, avec le gîte et après le souper.

Le cheval s'arrêta tout à coup. Devant sa figure, la Metabetchouann roulait ses eaux rapides. Cette rivière, qui a conservé son nom sauvage, se déchargeait dans le lac, à quelques pas plus loin, large au moins comme la Seine dans Paris. A travers les hachures de la pluie, on apercevait sur l'autre rive les lumières de l'établissement Boivin. A l'appel du conducteur un bac vint nous prendre et nous traversa.

L'établissement Boivin a été élevé par les Jésuites qui possédaient d'immenses territoires de ce côté, puis a appartenu à la Compagnie de la baie d'Hudson. C'est une demeure très compliquée, ses différents propriétaires l'ayant modifiée suivant leurs besoins. Nous y trouvâmes un poêle qui ronflait, un dîner abondant avec des framboises sauvages d'un parfum frais, exquis, puis des lits très durs remplis de puces. D'un côté, ces bêtes qui faisaient une fête enragée sur mon corps, de l'autre, la tempête qui secouait furieusement ma fenêtre, m'empêchèrent de fermer l'œil. Le soir, l'abbé, qui s'était longuement entretenu d'un air mystérieux avec des figures inconnues, m'avait dit en se retirant :

— Nous partirons demain à sept heures, quelque temps qu'il fasse, vous entendez. Il faut trois heures pour nous rendre au lieu de la pêche ; c'est dur, mais nous serons récompensés ; cet animal d'Américain a pris là, la semaine dernière, quatre-vingts livres de poisson, et du ouananiche encore !

— Du ouananiche ?

— Oui, c'est un saumon d'une espèce particulièrement délicate. On le reconnaît à une nageoire qu'il porte sur le dos. C'est une occasion unique pour vous de connaître ce poisson, qui ne fréquente que ces parages. Je suis heureux de vous la fournir.

Au petit jour, les puces s'étant retirées, je commençais à goûter du repos, quand j'entendis la voix de l'abbé qui agitait toute la maison. Il m'appela bientôt. La voiture nous attendait. Le ciel était lavé, l'aube pure et froide se levait sur le lac, où elle mettait son or pâle et glacé. Je m'aperçus alors que la rivière, qui m'avait paru considérable la veille, sortait des montagnes cinq cents mètres plus haut par un couloir de roches à pic, et n'était qu'un torrent furieux, une suite de rapides, de chutes, de gouffres, jusqu'au moment où elle rencontrait, avant de mourir dans le lac, un lit suffisant pour épandre et apaiser ses eaux. C'était ce torrent-là qui devait fournir les quatre-vingts livres de poisson, mais il fallait aller le retrouver en un endroit lointain, nouvellement découvert par Boivin et tenu secret pour les amateurs vulgaires.

Nous suivons la rive du lac, à la rencontre

d'un chemin pénétrant dans les montagnes, où la Metabetchouann précipite ses eaux prisonnières. Toute cette bande de terre est habitée. L'effort des hommes s'est arrêté là, car de l'autre côté du lac commencent les solitudes ininterrompues, qui s'étendent jusqu'aux mers glacées du pôle. Nous traversons des terres cultivées, d'autres encore vierges, mais à des degrés divers, disposées à recevoir le choc de la charrue, puis nous apercevons des espaces immenses, des montagnes entières qui ont reçu la première visite du colon, c'est-à-dire celle du feu.

Car le colon part de ce principe : « le bois c'est l'ennemi, » et en arrivant il met le feu. Naturellement l'incendie se propage de façon que, pour en tirer un champ, le colon détruit des étendues infinies de forêts. Et le pays offre aujourd'hui le spectacle le plus douloureux qui se puisse voir sur la terre. Par-dessus les taillis qui renaissent de leurs cendres, subsistent les longs corps nus des arbres léchés par la flamme. On dirait que les montagnes sont plantées de poteaux télégraphiques, parmi lesquels se dressent à intervalles les anciens seigneurs de la forêt, qui semblent se faire des signes désespérés avec leurs membres décharnés.

Un clocher pointe à l'horizon : c'est Saint-Jérôme. Nous trouvons là le chemin qui doit nous conduire au lieu de la pêche. Nous pénétrons dans les montagnes, laissant le lac derrière nous. Alors le pays s'assombrit encore. Ce sont des mamelons non déboisés par l'incendie, formant des petites vallées ravinées, au fond desquelles courent des torrents d'une eau couleur de rouille. Çà et là, quelques maigres champs, que percent encore des troncs d'arbres calcinés, et qui pourissent là sur place depuis des années. Les demeures des colons sont faites avec les corps entrelacés de pins non équarris, cimentés avec de la boue, habitations primitives, abris des premiers occupants du sol. Soit que cette terre ait été rebelle à la culture ou déjà épuisée, beaucoup de ces maisons tombent en ruines, abandonnées par leurs propriétaires découragés. Envahi par une mélancolie profonde, je cherchais du regard une fleur, un peu de couleur, de grâce vivante pour me desserrer le cœur, lorsqu'une touffe d'immortelles blanches m'apparut, affaissée sur le bord du chemin. C'était bien la fleur qui convenait à cette nature, étouffante comme une pierre de tombe.

Eugène Fromentin prétend quelque part que la curiosité est un sentiment étranger à l'art, et que les pays qui s'adressent aux yeux et non à l'esprit n'émeuvent point, et offrent par conséquent une difficulté presque insurmontable à l'interprétation de l'artiste. Alors j'imagine que de ce lieu, où les formes matérielles semblent s'éteindre, disparaître pour se confondre avec l'âpre sentiment qu'elles inspirent, un pinceau généralisateur eût pu dégager et fixer une impression de deuil et de lassitude comme il n'en fut jamais.

Soudain le chemin se perd; nous ne suivons plus que des traces de roues, lesquelles disparaissent à leur tour, puis nous continuons d'aller à travers la campagne inculte, secoués par des cahots épouvantables. Je pousse un soupir. L'abbé me dit :

— Ici, quand il n'existe pas de chemin, on en fait un. Il suffit de connaître sa direction. Dans ce moment nous créons une route. Nous aurons l'avantage de ne pas rencontrer d'ornières.

Nous ne la créâmes pas longtemps, cette route, car bientôt le cheval se trouva en face d'une forêt dans laquelle la voiture ne l'aurait sûrement pas suivi. Alors le conducteur déclara, d'un air idiot, qu'il ne savait pas où nous nous trouvions. Comme nous étions arrêtés pour tenir conseil, un bruit, qui semblait sortir des profondeurs de la forêt, nous frappa ; un bruit d'eaux turbulentes par lequel la rivière nous tirait d'embarras elle-même, en nous annonçant ainsi son voisinage.

Aussitôt nous descendons de voiture avec un grand soulagement, le cheval est mis en liberté et nous pénétrons dans la forêt, qui présente un fouillis tellement inextricable, que l'abbé prétendit qu'elle était vierge. Au bout d'une heure de lutte, nous rencontrons des traces de campement, — une hutte faite avec des branches de sapin, et les cendres d'un feu. Sans doute l'Américain avait séjourné en cet endroit. En ce moment le tumulte des eaux était devenu si effroyable, que nous ne comprenions pas qu'elles fussent encore invisibles. — Mais voici que nous les découvrons à nos pieds, au fond d'un abîme, une crevasse profonde de la montagne. Ce sont des flots d'écume qui se précipitent d'un corridor des roches extrêmement étroit, s'épandant dans une sorte de cirque autour d'une petite île, amas de sables et de cailloux roulés, puis disparaissent aussitôt dans un autre défilé non moins étroit, en redoublant de fureur.

La petite île, c'est le lieu de la pêche. Nous profitons d'une coulée qui s'est produite entre les murailles de l'abîme, — un torrent de pierres, de roches émiettées qui ont l'air de démolitions, comme si des maisons s'étaient écroulées là. Elles sont emmêlées de broussailles, d'arbustes nains tortus, parmi lesquels filtrent des sources qui descendent vers la rivière en petites cascades. Nous y rencontrons en masse les baies violettes qu'on appelle des bluets, d'une saveur aigrelette et si fraîche qu'il me semble enfermer dans ma bouche une goutte de rosée avant le soleil levé.

En bas nous attend une figure étrange, à lunettes, avec laquelle s'était entretenu l'abbé, la veille, chez Boivin. Elle se tient dans un canot en écorce de bouleau et nous transporte l'un après l'autre dans l'île.

— Mauvaise affaire, dit-elle, l'eau a monté cette nuit.

Cependant l'abbé déploie ses instruments. Il sort d'un grand fourreau de parapluie des cannes en bois précieux, avec lesquelles il construit deux lignes très longues. Ce sont des objets d'art compliqués. Il y a près du manche une petite roue en argent autour de laquelle s'enroule un fil en crin de Florence, qui correspond par un système d'anneaux avec l'hameçon. C'est pour le cas où la proie, trop grosse, risquerait de casser le fil de la ligne et de tout emporter.

Alors on la laisse filer. Le fil se déroule indéfiniment, jusqu'au triomphe du pêcheur.

Et puis l'abbé tire de son sein un cahier dans lequel il a consigné ses observations sur la pêche des ouananiches, et un portefeuille où sont piquées des mouches spéciales, fabriquées en Écosse. Il y en a de toutes les couleurs, appropriées à l'état du ciel, mouches foncées, demifoncées, blanches pour le cas où le poisson, par les temps sombres, ne prêterait son attention qu'à des appâts brillants.

Me voilà chargé d'une ligne énorme, très soucieux de ne pas m'embarlificoter dans la ficelle ou de m'égarer dans les instructions que j'ai reçues. Un point me préoccupe principalement, — l'abbé m'a dit avec insistance : « Surtout, noyez le poisson. » Je ne comprends pas qu'un poisson puisse se noyer. Je n'ose demander des explications, je suis saisi d'une crainte inouïe de prendre quelque chose.

Peu à peu je me rassure. L'homme à lunettes ne s'est pas trompé. La rivière a grossi, et l'ouananiche se défile évidemment. L'abbé devient nerveux, il change de mouche à chaque instant, il se fait conduire en canot dans les remous, sur lesquels il promène l'appât avec des gestes savants, et revient trempé, rageur, mais obstiné.

Maintenant, le soleil est parvenu au milieu du ciel; ses rayons plongeants font tomber sur nous une chaleur terrible, inexorable, répercutée par les murailles qui ceinturent l'abîme. Et pas un coin d'ombre dans l'île pour cacher sa tête. Les yeux brûlés par la vision incessante de ces eaux enragées, assourdi par leur tapage, le cerveau cuit, je confie ma ligne au charretier et je m'étends sur le sable en appelant le sommeil. Le sommeil vint, et avec lui un songe dans lequel je vis distinctement les poissons sortir de l'eau et entourer l'abbé, qui les haranguait comme saint François d'Assise dans le tableau de M. Olivier Merson.

Quand je rouvre les yeux, les ombres du soir emplissent les ravins. Il fait un froid coupant, mais le charretier, pêcheur naïf et inconscient, a tiré de l'eau un ouananiche, et je peux constater, à l'aide de l'abbé, que la seule différence qui sépare ce poisson du saumon, consiste en une petite nageoire qu'il porte sur le dos ; mais cette nageoire représente une différence inestimable.

Cependant l'abbé décide de tenter le lendemain une nouvelle épreuve. Nous remontons sur la rive avec des difficultés inouïes, puis nous bivouaquons dans la forêt, autour d'un grand feu. Après avoir dîné de conserves moisies, chacun s'arrange pour dormir. Alors les pieds dans la cendre du foyer, roulé dans une couverture, la figure tournée vers le ciel, tandis que les étoiles versent sur moi leur clarté blonde, je pense à des yeux qui me sont chers et qui doivent, en ce moment même où la nuit descend sur nous, s'ouvrir aux lueurs matinales du gai soleil de mon pays.

Il n'est pas possible de se faire une idée de ces nuits du Nord, froides et pures comme une lame d'épée. L'air vierge qui souffle des régions éternellement glacées, vous pénètre et verse en vous une sève chargée de vie impétueuse, et tandis que sous nos climats on aurait pour le moins gagné un bon rhume, on quitte ici sa couche dure et salubre avec les forces d'Antée. C'est ce qui explique comment les chasseurs de fourrures traversent des hivers effroyables sans autre toit que le ciel.

La nuit, je fus réveillé par un frôlement doux, la sensation d'un manchon sur la joue. J'ouvris les yeux et j'aperçus une bête fourrée, semblable à une fouine, qui furetait dans les ténèbres. Rien ne m'intéresse comme de surprendre les habitudes intimes des bêtes des bois dans la paix de la nature. Combien de fois n'ai-je pas assisté en cachette à la toilette des écureuils sur les landes bretonnes! Rassurez-vous, petits animaux gracieux. Je ne trahirai pas les secrets de votre coquetterie. Ma fouine avait tout bonnement envie de souper. Elle lécha nos assiettes et disparut sans bruit.

Quand je racontai cette visite à nos compagnons, l'homme à lunettes me dit :

— Ce n'est pas une fouine, c'est un putois. Vous avez bien fait de ne pas le troubler. C'est un animal très méchant et qui porte en lui la rage.

La Providence nous réservait une nouvelle avanie. La rivière avait encore grossi durant la nuit, et l'île menaçait de sombrer sous les eaux qui la mangeaient peu à peu. Alors l'abbé manifesta l'intention de se rendre au lac Kiskissink, pour tâter de la truite.

Nous devions nous séparer à Roberval. Nous suivions la route qui y mène, quand la faim nous prit, une de ces fringales subites comme en produit l'air consumant de ces régions et contre lesquelles la volonté défaille. Une maison se présente, nous entrons. Les hommes étant occupés aux champs, nous sommes reçus par les *créatures*, c'est le mot par lequel le peuple désigne ici les femmes et qui ne comporte aucunement le sens désobligeant qu'on lui prête en France. Aussitôt un poulet est mis à mort et la table dressée.

Alors je remarque une jeune femme assez

jolie, sur le sein de laquelle un enfant énorme s'est endormi. Décidément elle est jolie, cette jeune femme, mais l'incarnat trop vif de ses lèvres, ses yeux noirs brillants et ses joues couleur de rose du Bengale inquiètent en charmant. Elle sourit tristement et semble avoir revêtu la grâce souffrante de ces fleurs d'arrière-saison que la gelée du prochain matin fera mourir. Elle s'approcha du prêtre, vers lequel l'inclinait le sentiment du voisinage de la mort, et tous deux s'étant compris, ils s'entretinrent familièrement. Ils parlèrent de choses terrestres, ayant en vue les choses futures qui ne s'avouent point. Puis l'abbé bénit la maisonnée, et, comme les voisins jaloux arrivaient se faire bénir à leur tour, il leur répondit en homme d'esprit qu'il avait pensé à eux et qu'ils se trouvaient compris dans la bénédiction. Ils s'en allèrent satisfaits.

V

OBERVAL, c'est triste, mélancolique, et pourtant charmant. Des maisons blanches éparpillées en bordure le long du lac dont la ligne mince se creuse, formant une vaste baie, des plaines herbeuses puis des bois à l'horizon. Ce n'est rien; mais comment exprimer le charme discret et mystique qui sort de cette nature éteinte comme d'un pastel à demi effacé par le temps? Tout est tranquille, tout est doux, tout est rêveur. Cette petite mer elle-même qui mouille à peine ses bords d'un baiser insensible, a l'air de méditer, dans le calme engourdissant du Nord. Un couvent d'Ursulines, un monument en pierres grises, s'élève au milieu du village et semble la représentation symbolique de cette pâle contrée. — On dirait que ce lieu est fait pour les cœurs tendres et timides qui cherchent la félicité dans l'uniformité de la vie et une amour ignorée, et l'on se sent pris d'une envie indicible d'aimer, d'aimer chastement, sans orages, avec l'âme seule, dégagée du corps matériel et tourmentant. Un habitant me rapporte qu'une de ces petites maisons blanches a abrité un couple venu de France d'êtres qui s'aimaient et qui furent longtemps heureux. — Et j'envie leur sort inconnu.

La nuit arrivée, comme je fumais ma pipe devant l'auberge avant de me coucher, je vis un spectacle extraordinaire : Un cercle d'ombre immense envahissait le ciel du côté du nord, s’appuyant à l’orient et à l’occident; tout à coup il se frange d’une bande d’or, puis se défait. C’est alors un chaos qui se transforme continuellement en des combinaisons fantastiques et d’où partent des clartés qui inondent le firmament. Je vois un navire qui flambe en mer, une forteresse ceinte de canons tonnants, des animaux étranges, apocalyptiques, jetant des flammes. Ce spectacle magique change à chaque instant. Tandis que j’admire, stupéfait, ces jeux de lumière des nuits boréales, quelqu’un me dit que c’est une aurore insignifiante, une des plus médiocres qui se puissent voir. Alors je vais me coucher, de crainte d’être dupe d’une représentation de pacotille, comme on redoute d’assister à une pièce jouée par des acteurs en tournée de province. L’aubergiste, me faisant inscrire mes nom et adresse sur son registre, me dit :

— Ah! vous êtes Français?

— Oui; voyez-vous quelquefois des Français par ici?

— Pas souvent. J'en ai pourtant logé un il y a deux ans.

— Qui ça ?

— Un nommé Reclus.

S'il existait une géographie de la gloire, c'est ici que M. Reclus devrait en fixer les limites.

A deux milles environ, au nord, il existe une réserve de sauvages que n'a pas encore atteint la décomposition des habitants de la Jeune-Lorette. Leur territoire est formé par une presqu'île qui s'avance dans le lac sous le nom de « Pointe Bleue, » et est isolée par des palissades. C'est une forêt, car les vrais sauvages ne défrichent jamais, semée de petites maisons formées de sapins entrelacés ou de tentes. Ceux que j'aperçois sont de sang pur : rouge brique, les pommettes saillantes, imberbes, les cheveux lisses, et dans l'œil ce je ne sais quoi d'incertain qu'ont les bêtes fauves. — Les femmes sont énormes. Elles s'en vont les seins ballants, portant leurs petits derrière leur dos, fichés dans un maillot qui se termine en pointe. C'est l'époque des départs. Une famille achève ses préparatifs. Tout à l'heure elle s'enfoncera dans les solitudes du Nord pour y passer l'hiver, à la poursuite des animaux à fourrures. Ces gens-là doivent être heureux, parce que leurs désirs sont limités et qu'ils peuvent les satisfaire. Ignorants des formes de la beauté telle que nous la comprenons, ils connaissent l'amour avec leurs horribles femelles. Passionnés pour la chasse, des territoires illimités s'ouvrent devant eux. Leur vie est noble, car nos discordes, nos soucis, nos vilenies de civilisés ne les atteignent point; elle est fière, car ils possèdent la liberté, la vraie, celle dont nous ne jouirons jamais, saisis que nous sommes inextricablement par des nécessités, des règles, des préjugés qui dépriment nos âmes et les transforment en âmes de valets.

Un oblat, un gros garçon rose, luisant et réjoui, m'accueille courtoisement. Il me dit que tous ces sauvages sont de fervents catholiques,

— de quoi je le complimente. — La conversion d'un sauvage m'a toujours paru une opération d'une extraordinaire drôlerie. Voilà une religion à laquelle, depuis dix-huit cents ans qu'elle est inventée, nous ne comprenons rien de rien, qui se subtilise encore en vieillissant, et ces êtres simplistes y verraient clair tout d'un coup, l'embrasseraient avec amour. Nous autres nous sommes soutenus par la force de la tradition, par l'habitude, par le souvenir d'une mère adorée qui nous a appris à joindre les mains, — mais, eux, comment s'embarrasseraient-ils la cervelle d'une machine si effroyablement compliquée, alors qu'un bon petit dieu rudimentaire leur suffit! J'ai dans l'idée que ces hommes sont très bons et très malins. Obsédés par les missionnaires, autant pour leur faire plaisir que pour en obtenir la paix, ils consentent à recevoir un peu d'eau sur la tête et à chanter des cantiques en latin.

J'aperçois des gaillards superbes, qui seraient fort capables d'épouser, séance tenante, Mlle de Saint-Yves, sous les regards indignés de l'interrogant bailli. — Puis des enfants tirent de l'arc avec une adresse surprenante. A trente pas, sans viser apparemment, ils jettent par terre des bouchons sur lesquels j'ai placé des sous. — Ils me paraissent encore insuffisamment documentés, car lorsque le père oblat les engage à me remercier, ils s'enfuient à toutes jambes, en proférant quelques sons rauques, qui ne semblent pas traduire précisément des sentiments de reconnaissance.

A l'extrémité de la réserve, la compagnie de la baie d'Hudson possède un poste dont j'aperçois les bâtiments. C'est là où les sauvages apportent, au printemps, les peaux des animaux qu'ils ont capturés. Ils sont en quelque sorte les serviteurs gagés de cette compagnie puissante, à laquelle a été attribué le monopole des fourrures dans le Nord américain. C'est à ce point que celles-ci se vendent meilleur marché à Londres, où elles sont expédiées, que dans le pays de production, qui est obligé lui-même de s'approvisionner en Angleterre.

Il paraît que les bénéfices que réalisent ainsi
les sauvages sont rémunérateurs, mais bien que
n'ayant pas de besoins, ils se livrent à des dé-
penses extravagantes et se trouvent toujours
endettés vis-à-vis du Poste, qui leur fait continuellement des avances. Un sauvage, ayant reçu
dans le cours de sa vie plus de cent mille francs,
venait de mourir dans la misère.

VI

A mon retour à Roberval, un Canadien me propose de me faire descendre en canot les rapides par lesquels le lac se déverse dans le Saguenay. — Il est extrêmement beau, ce Canadien. C'est un exemplaire de beauté masculine tel que je n'aurais pas cru qu'il pût en exister en dehors des manifestations de l'art. Tandis que je discute avec lui, je l'examine, cherchant le défaut, la tare qui vicient toujours en quelque endroit l'animal humain le plus parfait, et je ne les trouve pas. Les attaches du cou droit comme un fût de colonne, les épaules larges, le torse évasé, la jambe pleine et nerveuse font penser à l'art grec, à l'Hercule Idéen. La tête elle-même, par les traits réguliers entourés d'une barbe brune frisée, par ses cheveux plantés bas sur le front, offre bien le caractère de la beauté antique. Habillé d'une petite veste courte, d'un pantalon serré sur la hanche à la mode espagnole, une ceinture rouge entortillée autour de la taille, robuste et gracieux, il me regarde avec des yeux bleus énormes, doux et intelligents, quêteurs comme ceux des chiens.

J'étais reconnaissant à cet homme de m'avoir procuré une émotion pittoresque parmi ce peuple fruste, sur l'âme duquel semble uniquement peser le joug des soucis matériels, dur comme leur climat de fer.

— Eh bien ! lui dis-je, à demain matin.

Le lendemain nous sommes à bord d'un petit vapeur qui, traversant le lac dans toute sa longueur, nous conduit à la décharge des eaux.

Ces heures sont délicieuses. Le tiède soleil verse une clarté si blanche que ses rayons semblent, pour arriver jusqu'à la terre, traverser des nuages de mousseline. Un souffle frais, chargé d'odeurs forestières, court sur le lac. Dans l'éloignement, les deux rives tracent une ligne d'un bleu très doux entre le ciel et les eaux. Et quel silence! Quel calme enveloppant! Pas d'autre bruit que celui du petit vapeur qui halète. Une fois il a sifflé. On eût dit d'un bruit sacrilège s'élevant tout à coup dans une église. Tandis que mon regard se perd en des lointains incolores, j'éprouve une sensation de bonheur immatériel, cette sensation que causerait la rencontre dans la campagne de jeunes filles vêtues de blanc, allant faire leur première communion.

Mon compagnon est étendu sur le pont et dort comme une bête assommée.

Le capitaine me dit :

— Vous emmenez un des Savard. Vous ne pouviez pas mieux choisir.

Et il ajoute ceci :

— Ils sont six frères, tous méprisant le travail de la terre et vivant des forêts et de l'eau. L'hiver ils chassent les bêtes à fourrures, l'été ils exploitent le lac et les rivières. On ne sait jamais rien d'eux. Quelquefois ils disparaissent pendant des mois, et puis, tout d'un coup, on les rencontre dans les lieux habités, dédaigneux et craints comme des rois. Malgré la misère de cette existence, ils ont trouvé moyen d'épouser les plus jolies filles du pays. — Ça fera, monsieur, une belle race de vauriens.

Mais nous arrivons au lieu où le lac s'ouvre, laissant ses eaux s'échapper. Une flottille de canots en écorce se balance autour de nous. Sur un appel de Savard, je descends dans une de ces coquilles de noix pendant qu'un Canadien la maintient par le mouvement de sa rame, car ces embarcations ont une envie continuelle de chavirer. Savard prend place à l'avant, à genoux, les talons collés aux fesses, son camarade à l'arrière, et moi assis au milieu avec la recommandation expresse de ne pas bouger. Ils ont chacun en main un petit aviron avec lequel ils rament en sens contraire. Cet exercice ressemble assez à celui des équilibristes qui s'avancent sur la corde raide.

Nous pénétrons dans la rivière. C'est triste, toujours triste. Les eaux fuient entre les rives plates couvertes de bois, — tourmentées par des écueils, des troupeaux de roches noires qui montrent leur dos luisant et poli comme d'énormes galets. Soudain elles se divisent, formant une île considérable qui porte le nom d'Alma. Un arpenteur qui travaillait là à l'époque de la guerre de Crimée, apprenant la victoire française, en donna le nom à cette terre vierge qui l'a gardé.

Nous suivons une des routes mouvantes qui s'offrent devant nous à travers un dédale d'îles, de blocs, d'arbres tombés, que le canot frôle de sa frêle membrure. Les îles, peuplées de sapins et de bouleaux mêlés, sont d'un aspect si funéraire qu'elles semblent autant de petits cimetières particuliers. Les eaux sont noires comme du cirage liquide, et toujours un silence opprimant. Si à ce moment Caron se présentait me demandant une piastre pour prix de mon passage, il ne me surprendrait point, tant est forte l'impression sur l'esprit de ce paysage de mort.

Un gros oiseau traverse l'air, portant un poisson dans ses pattes. J'éprouve un soulagement, un desserrement de cœur, car c'est la première créature ailée que j'aperçois dans ce ciel qui paraissait vide comme la terre.

— C'est un aigle pêcheur, me dit Savard.

Voici que l'eau frémit, puis bouillonne comme dans une chaudière. Elle s'agite en une quantité de petites vagues frisées qui se cabrent et se heurtent les unes contre les autres. C'est le commencement des rapides. On m'a expliqué que les rapides sont formés par les rochers qui se trouvent sous l'eau, puis par les différences de niveau qui se produisent brusquement dans le lit des rivières. Il se livre alors dans leurs dessous mystérieux une bataille effroyable qui déchaîne à la surface un tumulte de flots très particulier, éveillant l'idée d'une tempête en miniature. Le canot qui traverse cette tempête saute comme un cabri et s'emplit d'écume. Savard, attentif, soufflette les flots trop gourmands du plat de son aviron. Il obtient des effets surprenants avec des nuances insaisissables. La rame vole à droite, à gauche; — parfois il l'enfonce droit comme un couteau dans l'eau tumultueuse qu'il a l'air d'égorger, et, chose merveilleuse, elle se tait sur le coup. Montrant à son camarade hésitant le chemin qu'il faut suivre d'un geste large, orgueilleux, dominateur, il m'apparaît comme le dieu des rapides.

Eh bien! c'est amusant avec une petite pointe d'émotion chatouillante. La peau frémit comme si elle était parcourue par des araignées véloces. Il est regrettable que notre Seine indolente n'offre pas ces inégalités d'humeur entre Bougival et Saint-Germain. Ce serait un sport émouvant qui enchanterait les femmes en fournissant aux hommes de nouveaux moyens de se faire aimer.

Nous retrouvons des eaux calmes, puis encore des rapides, et le jour se passe en ces alternances. Parfois l'on entend au loin un bruit de cascade, tandis que le canot semble accélérer sa course, attiré par une force invisible. Alors on aborde, et les hommes transportent l'embarcation de l'autre côté de la chute, qui l'eût avalée comme une pilule.

Une pluie fine et froide commence à tomber. Je dis à Savard :

— Est-ce que nous ne serons pas bientôt arrivés ?

J'étais, depuis des heures, assis dans un petit flot embarqué dans les rapides, et, outre un grand mal de dos, je craignais de ne pouvoir ressaisir mes jambes, que je n'avais osé remuer, obéissant à la recommandation de mes guides. D'abord elles avaient été travaillées par les fourmis, puis, après diverses transitions douloureuses, la vie semblait s'en être retirée tout à fait. Nous atteignons enfin l'hôtel de l'Ouananiche, situé sur une pointe de l'île d'Alma, lequel marquait la première étape du voyage. En cet endroit, la rivière, retenue par un barrage, formait un vaste bassin encombré d'arbres flottés, destinés à descendre à Chicoutimi pour être recueillis, sciés et embarqués à bord de navires norvégiens, qui les transportent en Europe.

M. Boulanger, propriétaire de l'hôtel, remplit en même temps des fonctions officielles. Il est préposé au gouvernement des forêts flottantes qui s'accumulent dans le bassin. C'est un bel homme de trente-six ans, qu'une paternité quatorze fois renouvelée ne paraît pas avoir fatigué. Quant à sa femme, qui allaite le dernier né, elle n'a plus d'âge ni de forme. C'est un paquet de chair qui remplit des fonctions de femelle. Ils ont droit aux cent acres de terre que l'État accorde aux ménages ayant douze enfants vivants, et s'ils continuent à se reproduire le curé de la paroisse adoptera leur vingt-cinquième enfant. C'est une règle établie par le clergé lui-même, dont l'application n'est pas aussi rare qu'on pour-

rait le croire. D'abord, par respect pour les re-
commandations de leurs prêtres, puis par une
insouciance complète de l'avenir, les habitants
s'abandonnent à leurs instincts comme des animaux. Ils savent que si la fortune est lente à
venir pour eux dans ces âpres régions, du moins
la misère y est inconnue. Leur race se taillera des
propriétés à sa mesure parmi les territoires illimités étendus devant eux. On vivra durement,
mais on ne tendra jamais la main.

Comme la pluie redoublant battait les vitres,
la crainte me prit de rester confiné à l'hôtel de
l'Ouananiche, et je sentis un ennui profond descendre en moi. Mon hôte, au contraire, paraissait
satisfait en contemplant l'état du ciel, et, plus je
m'assombrissais, plus il semblait joyeux. Alors
je crus que ce temps était profitable aux biens
de la terre, et je l'interrogeai.

— Mais non, me dit-il, c'est que s'il pleut
demain vous ne pourrez pas partir.

Je me serais cassé une jambe qu'il eût été
ravi. En bon descendant de Normand il me con-

sidérait comme un petit revenu agréable à pro-
longer.

Je sortis de bonne heure pour vérifier l'état du
ciel. Il était encore couvert de nuages plombés,
mais à l'Orient une bande jaune pâle semblait
grandir. J'annonçai aussitôt l'intention de partir,
malgré les pronostics de l'hôtelier, lesquels étaient
effrayants.

Tandis qu'on glissait le canot sur la rivière,
une bande d'enfants à peu près nus, patrouillant
sur la rive, montraient des formes tellement suc-
culentes, que je pensai à ces cascades de chair
enfantine qui sortent du pinceau sanguin de
Rubens.

Nous naviguions depuis un quart d'heure
quand j'aperçus un homme qui gesticulait dans
les bois, nous faisant signe de venir à lui. Une
des branches de la décharge qui aboutissait en
cet endroit, versant ses eaux déchirées par les
roches aiguës, avec une fureur inouïe, empêchait
qu'on entendît sa voix. Je le montrai à Savard
qui me dit :

— C'est notre cadet, mon frère Georges. Ça vous trouble-t-il que nous nous arrêtions un moment ?

C'est un grand garçon blond, un peu fluet, à la figure fine, blanche, allongée par une barbe claire en pointe. Il me salue avec aisance et me conduit dans son habitation plantée au milieu des arbres, sur un monticule. Elle est grande, propre, presque élégante, cette demeure, quoique simplement faite de sapins ébranchés, et je suis surpris d'y apercevoir des livres, des armes de luxe, des fourrures et des brimborions qui sortent des grandes villes.

— Je suis tout seul, me dit Georges Savard, la *créature* est chez mon frère. Je n'aurais pas le moyen de vous nourrir, autrement je vous proposerais de rester quelques jours ici pour pêcher ou pour chasser, suivant votre idée.

Il remet à son frère un ouananiche superbe qu'il avait pris du matin, puis nous repartons. Nous entrons à peine dans le rapide Gervais, long de deux milles, le plus long et le plus dangereux des rapides, lorsque passe à côté du canot, emporté dans une course vertigineuse, un arbre flottant, puis voilà que derrière nous toute une forêt accourt, avec la furie d'une charge de cavalerie. Ce sont les billes que M. Boulanger a lâchées, en ouvrant les vannes du bassin. Alors il faut manœuvrer à la fois contre les flots et contre ces camarades dangereux de navigation. C'est amusant à suivre les sorts divers de ces énormes pièces de bois. Les unes filent tout droit, d'autres sont jetées au rivage qui attendront l'effet d'une crue pour s'en aller; il s'en trouve qui rencontrent un obstacle, une roche au milieu de l'eau. Alors elles s'amoncellent là et forment comme des îles. Une poussée survient et elles repartent avec fracas. Je soupçonnai un instant M. Boulanger d'avoir ouvert ses vannes pour nous créer des ennuis, mais sa figure honnête éloigne la pensée d'une pareille noirceur.

Sur les midi, Savard m'apprend que nous passons devant sa maison et m'offre à déjeuner. Sa femme, une grande brune sèche, nous accueille avec un air grincheux. Elle commence par quereller son mari, lui reprochant amèrement ses absences prolongées.

— Croiriez-vous, me dit-elle, qu'il passe sa vie sur le lac Saint-Jean. Ah! monsieur, l'eau, je la déteste! c'est si hasardeux quand il vient ici qu'il me fait peur.

Je lui observai doucement que ses griefs paraissaient exagérés, vu le nombre d'enfants que j'apercevais. Ils étaient bien une demi-douzaine qui encombraient la chambre. Ils prouvaient cependant qu'elle n'était pas absolument délaissée.

A ce moment, une porte s'ouvrit et j'en vis sortir une jeune fille si belle que, par l'effet du contraste violent et inattendu entre la vulgarité du pays et cette apparition surprenante, je restai d'abord imbécile et incapable de trouver un mot. Je la regardais avec stupeur, comme on regarderait une fleur de camélia poussée dans un champ de luzerne. C'était une fine beauté parisienne, tellement éclatante, que la grossièreté de ses vêtements ne gênait pas plus l'admiration qu'un pot de deux sous ne distrait le regard de la plante rare à laquelle il sert d'enveloppe. Sur sa poitrine épanouie, un gros enfant tétait, enfonçant ses petites mains grasses dans la chair blanche du sein. Quelle adorable madone elle faisait ainsi!... Mais une madone moderne. Devant ses cheveux blonds, frisottants sur le front, ses yeux vifs, presque coquins, les genoux eussent plié aux profanes qu'ennuient les bandeaux plats et les chastes regards des vierges classiques.

Le sort capricieux avait fait naître cette merveilleuse créature sur les bords revêches d'une île perdue au fond du Nord. Elle avait dix-huit ans, et depuis deux ans appartenait à Georges Savard.

Tandis qu'elle rôdait dans la pièce, occupée à remuer de la vaisselle, je fus pris d'un grand serrement de cœur à la pensée qu'une si rare beauté passerait ses jours en ce lieu désolé, ignorée des hommes, inconsciente de son pouvoir, occupée à mettre bas chaque année, semblable aux biques qui s'en vont à travers les chemins, les flancs évidés, les pis ballants.

Je lui dis, saisi d'une grande pitié :

— Et vous, est-ce que vous aimez votre mari?

Elle me regarda en face, étonnée, rougit au vif et me répondit d'un air fier :

— Mais oui, monsieur.

Après tout, pourquoi ne serait-elle pas amoureuse de cet être demi-sauvage? Il a bien la tournure d'un gentilhomme, ce grand gas qui vit dans le tumulte des eaux et la paix des forêts. Il y avait de la fleur française parmi les compagnons de Montcalm et de Lévis, et l'amour s'égare. Une belle sauvagesse a-t-elle été aimée dans ces lieux par un marquis de Louis XV, enfantant une race magnifique, barbare et raffinée. Il a l'âme fière, puisqu'il aime la liberté et les mains blanches, puisqu'il méprise le travail de la terre. Lorsqu'il a couru ces solitudes à la poursuite de ses chimères et qu'il rentre au logis affamé de cette belle fille, pourquoi ne goûterait-elle pas avec lui ce suprême de l'amour si délicat, si caché, si difficile à atteindre, que la plupart des femmes meurent, dit-on, sans l'avoir connu ? Car c'est effrayant combien peu d'entre les hommes renferment en eux la puissance de faire jaillir l'étincelle divine par laquelle se manifeste le dieu frémissant de la volupté. Presque toujours, pour eux, le mariage est une chiennerie légale et bénite, qui s'accorde avec les besoins de leur tempérament et l'exercice de leur profession. Quand ils s'alourdissent et deviennent notables, ils trouvent pratique de ne plus courir les chances des galanteries suspectes et coûteuses. Que peut donc exprimer à une créature noble, intelligente, enflammée, affolée d'idéal, cette masse de bourgeois qui flottent dans les eaux grasses de la société, saturés de plaisirs vulgaires, occupés tout le jour à gagner de l'argent dans des besognes étroites et abrutissantes ? Que deviennent entre leurs mains grossières les espérances fleuries et les jolis rêves inquiets des vierges ? Ils apparaissent comme des singes à l'autel, parodiant le prêtre et souillant les vases sacrés. Ah! les jolis troubadours, et comme leurs femmes, dont ils fauchent les illusions à coups pressés, ont raison de les faire...

— Monsieur, vous êtes servi.

J'avais en effet devant moi des œufs couchés sur des morceaux de lard grillé — en miroir — et une jatte de lait, ce qui mit fin à mes réflexions dégoûtées.

Et puis je m'éloignai, ayant promis de revenir manger une autre omelette, sans d'abord songer qu'il faut au moins quinze jours depuis Paris pour aller déjeuner à l'île d'Alma.

En route pour Chicoutimi. — Désormais, les eaux nivelées n'offriront plus ni chutes, ni rapides. La rivière s'est élargie et ses rives se sont escarpées, formant deux murailles tapissées d'épinettes, entre lesquelles le canot file, aidé par le courant et par la brise qui pénètre dans mon ombrelle ouverte comme dans une voile. Nous passons à côté d'un *boom*. On appelle ainsi un barrage circulaire, formé par des madriers unis les uns aux autres, destiné à recevoir et à retenir les billes charriées par les eaux. Puis à l'horizon pointe le clocher de Chicoutimi.

A ce moment, mon Canadien d'arrière, émotionné sans doute par la perspective prochaine de toucher mes piastres, se mit à chanter, ou plutôt à gueuler. C'étaient des romances pleurardes, que débitent, rue du Faubourg-Saint-Denis des messieurs en habit noir, tenant un gant sale sur leur cœur. Je l'engageai à chanter préférablement des airs du pays, car je savais qu'il en existe de charmants ; mais le malheureux ne les connaissait pas. Je les entendrai plus tard, mais non au fond des bois, pour lesquels ils ont été faits.

Bientôt je licencie avec plaisir mes Canadiens, qui se précipitent immédiatement dans le bar de l'hôtel.

VII

HICOUTIMI, cela veut dire « jusqu'ici la profondeur. » C'est en effet le point extrême de la grande navigation sur la rivière extraordinaire qui porte le nom célèbre de Saguenay. Ici, tout change brusquement, les horizons sont clos. Après avoir reçu les eaux du lac Kenogami, qui lui arrivent tellement affolées qu'elles semblent lui verser de l'écume de savon, le Saguenay s'encaisse profondément entre de hautes berges couronnées d'épinettes, de pins rouges et de bouleaux. Sur les étages de l'une des berges s'éparpillent les maisons du village, qui seraient coquettes et gaies si une grande église noire dominante ne les considérait d'un air grondeur et glaçant.

Amiel a dit : « Un paysage est un état d'âme. » Je n'ai jamais aussi bien compris cela que dans cette région, parce que la nature y est grave, voilée, muette, toute morale, et ne se livre pas comme dans les pays pittoresques et colorés, où elle vous tombe entre les bras avec la facilité d'une fille entretenue Il faut lui faire une cour discrète, furtive, mystique, telle qu'on ferait à une nonne pâle, derrière les grilles de son couvent. Mais tandis que la pensée se dissout délicieusement dans les espaces incolores du lac Saint-Jean, ici elle se concentre; c'est l'idée de retraite qui vous saisit. De même que certaines contrées, pareilles à des décors d'opéra, éveillent des désirs mondains, des envies de fêtes, de fleurs, de femmes, de luxe extravagant, ce lieu intime, sévère et doux, semble destiné à cacher les douleurs inguérissables de l'âme, les désespoirs des cœurs trahis. Assis dans un champ d'immortelles, sur le bord d'un torrent, les jambes pendantes sur l'eau bouillonnante, écoutant la plainte du vent dans les arbres verts, je goûtai là quelques instants la saveur religieuse et apaisante des chartreuses.

Un peu à l'écart sur un tertre, dans une situation admirable, s'élève l'évêché, un édifice tout neuf, simple et joli, qui donne un peu de grâce à ce paysage lourd et sombre. — L'évêque, monseigneur Bégin, un petit prélat fin, modeste et charmant, daigne me recevoir.

— Mais, lui dis-je dans la conversation, vous devez quelquefois vous ennuyer, monseigneur, lorsque vous êtes bloqué ici pendant votre hiver affreux.

— Mais non, me dit-il, — j'ai mes souvenirs. J'ai habité Rome, parcouru l'Orient, séjourné chez vous. Je pense à tout ce que j'ai vu, le soir, et puis les intérêts religieux m'occupent sans cesse; le diocèse que je dirige est l'un des plus vastes du monde, je n'en connaîtrai jamais l'étendue, quelle que soit la durée de mon existence.

Puis il m'attire sur son balcon, et là, aux feux safranés du soleil couchant, il m'explique comment il accroît le domaine de la catholicité : Quand la population d'une paroisse augmente au point que les terres qui l'entourent deviennent insuffisantes pour la nourrir, il expédie un arpenteur dans la forêt vierge avec la mission de tracer l'emplacement d'une église et d'un presbytère. Aussitôt des jeunes ménages s'installent autour du lieu réservé à Dieu, se taillent des domaines, défrichent, et voilà une nouvelle paroisse fondée. — Et il me fait comprendre la poésie splendide de l'hiver dans ce bout du monde, alors que le Saguenay forme une route de glace et que les aurores boréales éclairent les nuits comme des feux d'artifice immenses allumés dans le firmament par des mains mystérieuses.

Et, l'ayant quitté, comme j'errais à travers le village, je l'aperçus encore sur le balcon, immobile, les bras croisés, se détachant sur l'or mat que laissait derrière lui l'astre disparu. J'eus comme une vision d'une peinture florentine, et le petit évêque de cette contrée perdue me parut grand.

Non loin de l'évêché, sur une promenade publique, a été érigé un monument surmonté d'un buste représentant M. William Price. Une inscription apprend que M. Price a été surnommé le père du Saguenay, où il a vécu de 1810 à 1877. J'ai entendu dire qu'il méritait en effet ce titre, non seulement par les services rendus au pays, mais encore pour s'y être comporté à la façon du roi d'Yvetot. La genèse de la civilisation dans cette formidable crevasse est bien curieuse. M. Price et son associé, un Écossais métis nommé Peter Mac Lead, y régnèrent en sultans, occupant toute la population dans leurs scieries et émettant du papier-monnaie qui avait cours forcé dans la région. Ce Peter Mac Lead était un être quasi fabuleux, un composé de plusieurs bêtes fauves. D'une énergie de corps et d'esprit surnaturelle,

extrême dans ses vices et dans ses vertus, il était
à la fois la terreur et le bienfaiteur des habitants.
Il traînait toujours avec lui un harem, assommait
un Canadien qui lui résistait, mais il n'aurait pas
souffert qu'on maltraitât un chien et ouvrait sa
bourse à tous largement. Comme il buvait avec
fureur, il finit par se tuer. On raconte que sa
lutte avec la mort fut terrible. Lorsqu'il fut vaincu,
son corps se carbonisa en un instant. C'était la
bête monstrueuse, énigmatique de cette tanière
monumentale creusée dans un délire de la
nature.

J'ai lu dans un ouvrage de M. Arthur Buies,
un écrivain canadien doué d'une âme d'artiste,
des pages saisissantes sur ces origines du Saguenay, mais ce qu'il faut souhaiter maintenant, c'est
que la littérature nationale s'empare de ces
sources de poésie imprégnées d'une grandeur
farouche et d'une puissance mystique que le vieux
monde épuisé ne connaît plus.

Le lendemain matin, tandis que le soleil illuminait les hauteurs, le brouillard pesait sur les eaux si opaque et si blanc, que le Saguenay paraissait rempli de ouate jusqu'au bord. Parfois il arrive que cette ouate persiste; alors les communications cessent avec le monde comme si la route eût été bouchée subitement. Les bateaux n'osent plus avancer, restent en panne au lieu où le brouillard les surprend. Très ennuyé, car, dans ce climat incertain, il est possible de rester bloqué des jours durant, je m'inquiétais du genre de distraction que comportait l'endroit. A côté de moi un commis voyageur, lutinant une petite bonne dont les yeux louchaient horriblement, excita mon envie. Avec ses goûts faciles, ce garçon allait sans doute supporter très doucement la longueur du siège, tandis qu'à moi était réservée la ressource de converser avec le haut clergé, ou de contempler le buste de M. Price. Heureux, pensais-je, ceux qui possèdent un bon petit vice bien bas, l'amour du gin ou des servantes d'auberge. Ils ne connaîtront jamais l'ennui mortel des heures vides et solitaires.

J'entendis la petite bonne qui disait :

— Monsieur, vous me faites peur avec vos mains. — Laissez donc vos mains tranquilles.

Il finit par la décider à accepter des cerises à l'eau-de-vie, et ils passèrent dans le bar.

Cependant le soleil triomphait peu à peu, buvant à longs traits la ouate qui emplissait le lit du fleuve. Elle s'éclaircit, puis s'effilocha, laissant les eaux libres. Tout le peuple des voyageurs, les yeux tournés vers l'horizon, attendaient anxieusement le bateau. Bientôt il parut, mêlant son panache de fumée aux derniers lambeaux du brouillard qui s'accrochaient aux arbres des rives.

On part de suite pour profiter de la marée. Voilà la baie de Ha-Ha, une vaste étendue aux rives plates par laquelle le jour et l'air pénètrent comme par une fenêtre subitement ouverte dans une salle obscure. Les premiers explorateurs qui lui donnèrent ce nom bizarre voulurent sans doute exprimer leur étonnement de ce que, l'ayant prise pour une rivière, ils la trouvèrent sans issue. On aperçoit dans le fond les maisons de Saint-Alphonse, une ville qui pousse, la future rivale de Chicoutimi. C'est qu'il y a neuf cents pieds d'eau dans la baie, et que les navires peuvent y pénétrer à marée basse aussi bien qu'à marée haute. Il est probable que le commerce se centralisera là, et que cette charmante petite ville de Chicoutimi, délaissée, s'éteindra doucement dans les bras de son évêque. A partir de là, et jusqu'au Saint-Laurent, pendant vingt lieues, le fleuve offre l'aspect d'un immense serpent noir écrasé qui s'agite en d'innombrables replis. Les flancs montagneux qui l'étreignent ressemblent maintenant à des falaises, des falaises sur lesquelles l'éternelle épinette étend sa lèpre verte, cramponnée depuis leur faîte jusqu'à leur base que lave le flot, harcelante au regard comme un vol de moustiques. Deux hauteurs formidables qui s'avancent dans la rivière portent les noms magnifiques de cap Trinité et de cap Éternité. Sur celui-là est plaqué un rocher haut de cinq cents mètres, au pied duquel le bateau s'arrête. La sirène pousse un cri, qui s'en va, roulant à travers les abîmes, réveiller des échos extraordinaires. Ici une page, lue jadis quelque part, se présente à mon souvenir : « Sur des flots bitumineux don Juan désarmé, en habits magnifiques, l'air étonné et fier, entouré par ses mille et trois amoureuses gémissantes et courroucées. » S'il est vrai que la nature, inépuisablement généreuse, recèle des paysages appropriés à chacune des créations d'art des hommes, c'est ce lieu qu'elle a fait pour encadrer cette vieille et sublime histoire.

Parfois la falaise se fend, et, par l'écartement semblable à une brèche ouverte dans les murailles d'une ville assiégée, des flots tumultueux se précipitent par lesquels se vident des lacs perdus dans les montagnes. Et quelles eaux! Elles remplissent de tels abîmes que leur profondeur n'a jamais pu être mesurée. On connaît partout la profondeur des océans, celle du Saguenay reste seule inconnue. Elles coulent noires, d'un noir épais sur lequel le soleil plongeant éveille des lueurs métalliques. Certes, la terre offre à l'infini des scènes plus grandioses et plus admirables, mais ce qui frappe ici, c'est la nouveauté du spectacle qui transporte l'esprit dans un monde imaginaire et surnaturel, lui apportant des émotions étranges, inéprouvées. Il y a parfois des paysages si doux qu'ils flottent dans le souvenir comme des aquarelles légères, celui-là y reste gravé comme une eau-forte inoubliable.

Soudain le gouffre s'ouvre, et le Saint-Laurent apparaît éblouissant comme dans une féerie de rêve enchanté. Les flots doux sont de nacre, d'une nacre illuminée de rose, d'un rose aussi tendre que celui qui borde l'aile des flamants. Des marsouins blancs, d'une blancheur de cygne, jouent au loin, pareils à des dieux marins entourés d'un vol de mouettes. Ils me rappellent les vers de Théophile Gautier :

> *Les mouettes volent et jouent ;*
> *Et les blancs coursiers de la mer,*
> *Cabrés sur les vagues, secouent*
> *Leurs crins échevelés dans l'air.*

Et me retournant, j'aperçois les portes colossales du Saguenay qui semblent celles de l'Érèbe. Un navire se dirige de ce côté, remorqué par un petit vapeur. Il fait naître en moi une idée de souffrance comme s'il portait des âmes sacrilèges en enfer. C'est un Norwégien qui va chercher à Chicoutimi les sapins flottés de M. Boulanger.

A l'entrée du Saguenay, dans une découpure du rivage, un village très gai se présente. Il s'appelle Tadoussac, ce qui signifie « mamelles » en langue sauvage. Avec ses maisons blanches rayées de balcons peints en jaune, il fait l'effet d'un bouquet de marguerites accroché au flanc sombre de la montagne. Un instant les premiers colonisateurs eurent l'intention d'installer en ce lieu la capitale future du pays, puis le promontoire de Québec l'emporta. Actuellement, c'est surtout une station d'été fréquentée par les Américains, la plus élevée qu'il y ait de ce côté du monde, car au delà l'on tombe de suite dans les déserts du Labrador.

Maintenant les marsouins blancs viennent jouer autour de nous. Le commis voyageur, avec lequel je me suis lié, m'apprend que cette race de marsouins se rencontre uniquement dans ces parages, et que ces animaux marins sont fort recherchés à cause de leurs dimensions remarquables. Il m'explique comment on s'en empare. Au printemps, lorsqu'ils approchent de la côte, on enfonce des piquets dans le fleuve de façon à former une enceinte. Ils arrivent à la marée montante, pénètrent à travers les piquets, puis une fois entrés n'osent plus sortir, saisis de frayeur à la vue de cette barrière. Ils côtoient les piquets, restant bêtement dans l'enceinte où les surprend la marée descendante. Alors ils échouent sur le sable où ils sont capturés, mais non sans difficulté. Ils se défendent longtemps, et le sang rouge coulant sur leurs robes blanches satinées offre un spectacle d'une affreuse tristesse.

Longtemps leurs jeux continuèrent, tant que

le couchant laissa traîner une lune dorée sur le fleuve, — puis l'ombre ayant vaincu, je ne vis plus que les étoiles claires qui brillaient dans le ciel, et les feux d'un navire en route pour l'Europe. Je me retirai dans ma cabine, où j'entrai dans un sommeil agité de songes énervants et fantastiques.

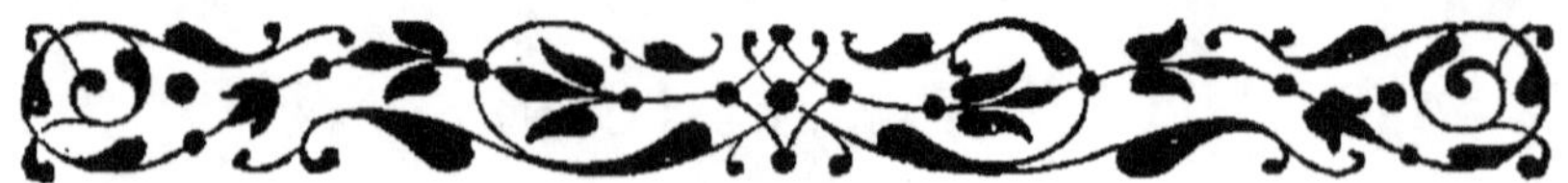

VIII

Tout à coup, en pleine nuit, je m'é-veille. L'immobilité et le grand silence, succédant brusquement à la trépida-tion du bateau et au ronflement de la machine, m'ont tiré de mes rêves. Des voix, des bruits de chaînes m'apprennent que l'on jette les amarres. Un garçon de service frappe à ma porte. C'est la Malbaie où je dois m'arrêter.

Dehors je reçois brutalement, en pleine poi-trine, un souffle glacé chargé d'une odeur de feuilles mouillées. Il pleut à torrents, et tandis que, tout engourdi encore, je cherche à m'orienter, un gros homme crépu s'empare de ma valise en me sollicitant d'opter pour son hôtel. J'acquiesce immédiatement et je marche derrière lui avec la soumission d'un chien fouetté dans la clarté de sa lanterne qui fait luire de la boue grasse et luisante. Après avoir gravi beaucoup d'escaliers taillés dans la montagne, nous entrons dans une grande maison en bois où un poêle colossal placé dans le vestibule se trouve allumé et répand une douce chaleur qui me coule dans les membres et me verse un peu de bien-être.

Le lendemain de bonne heure, j'ouvre ma fenêtre, cherchant à voir cette Malbaie que des Canadiens m'avaient vantée à Paris et à Québec en me disant : « C'est notre Trouville, à nous. » Le paysage est encore tout barbouillé de nuées qui se promènent, découvrant au-dessus de moi des touffes de verdure pareilles à des îles suspendues en l'air, et au-dessous, comme au fond d'un trou, des morceaux de fleuve. Puis les détails se dessinent plus nombreux. On dirait que cette nature est malicieuse et tourmentante, et veut me faire admirer successivement ses beautés avant de se livrer tout entière à mon désir excité. Ce qu'elle montre ainsi est ravissant, et je tremble d'éprouver une déception quand l'ensemble m'apparaîtra.

Eh bien! rien de plus joli et de plus frais que cette station perdue dans un coin du Saint-Laurent. La voici : une montagne de verdure qui s'écroule dans le fleuve, accidentée de mamelons, de petits caps, de ravines qui brisent la côte et lui donnent, en la morcelant, un imprévu fantaisiste et charmant. A chaque pas, c'est une découverte, un paysage nouveau, mignon et coquet, ayant sa physionomie propre dans le grand paysage sévère. Les maisons, presque toutes des chalets, s'éparpillent parmi les arbres et sur les pelouses, isolées ou par groupes, dominant la baie ou enfouies en des coins d'une intimité fraîche et attirante. Par-ci par-là, déchirant l'eau endormie teintée de jaune par le soleil naissant, l'écueil montre ses pointes aiguës, l'écueil qui a fait donner son nom de « mauvaise baie » à cet adorable petit golfe.

Les étrangers qui séjournent là pendant la saison, saison courte qui dure deux mois, juillet et août, sont principalement de race anglaise et arrivent des grandes villes américaines et de Montréal. Aux fenêtres apparaissent les visages rosés de jeunes filles superbes, à la tignasse rouge ébouriffée, buvant l'air du matin. Des jeunes gens se promènent en costume de lawn-tennis; d'autres, chargés de filets, partent pour la pêche; des enfants superbes, habillés comme des petits princes de contes de fées, tripotent de la vase. Devant les hôtels des voitures attendent, et, de temps en temps, l'on aperçoit un monsieur en habit noir, cravaté de blanc, qui traverse d'un air pressé une pente gazonnée, portant un thé complet sur un plateau. C'est tout à fait l'aspect et le mouvement de nos stations à la mode, et pourtant il flotte dans l'espace quelque chose de farouche et de solitaire qui retient l'esprit près de s'abandonner à l'illusion. Cette fleur épanouie dans le grand Nord mystérieux ne semble pas naturelle, et parfois un souffle glacé passe qui vous fait tressaillir comme un coup de griffe sur le visage.

L'industrie du pays est charmante comme lui. Elle consiste dans l'exportation de ces baies parfumées dont je m'étais grisé sur les rives de la Metabetchouann et qui remplissent ces bois. Les enfants les cueillent, les parents les enferment dans de petites caisses de sapin que le bateau emporte à Québec pour être expédiées aux États-Unis et en Angleterre. — Une troupe d'enfants qui dévalent une côte chargés de paniers pleins de ces graines violettes me donnent un instant l'impression d'un retour de vendange, mais ces petits sont graves, ils n'ont pas l'air débridés et barbouillés des gamins qui sortent des vignes portant la force et la joie future des hommes. Ils ne s'amusent pas, ils sentent qu'ils accomplissent une tâche payée.

A l'hôtel où je rentre déjeuner, le service est fait par une quantité de petites bonnes généralement pas jolies, mais rondes et vermillonnées comme des pommes d'api, gracieuses, très appétissantes, et je mâchonne, en les regardant, ces vers de Ronsard qui me reviennent en mémoire :

L'amour des riches princesses
Est un masque de tristesses ;
Qui veut avoir ses ébats,
Il faut aimer en lieu bas.

Et puis je songe qu'il serait sans doute bon de séjourner là dans les brises salubres qui montent des flots salés, et les odeurs forestières qu'exhalent les bois humides avec un peu d'amour servile, satisfaisant l'instinct et ne laissant derrière lui ni irritation, ni regret, ni souvenir. Oui, ce serait bon de passer là huit jours dans une vie stupide de brute, sans penser à rien, à rien du tout, sans être obligé de dire bonjour à personne, de s'intéresser à personne, de faire des phrases idiotes, libre, isolé, inconnu, perdu, savourant la nature à la manière des animaux, des vrais animaux qui n'ont d'autre souci que de se mettre à l'ombre ou au soleil suivant le temps, et qui suivent couchés parmi les herbes

Le rêve intérieur qu'ils n'achèvent jamais.

Pourtant, il faut que je m'en aille d'ici. Une voiture m'attend pour me conduire aux Éboulements où je dois retrouver une famille de Québec, prévenue de mon passage.

La longue côte que nous suivons fait partie de la chaîne des Laurentides, qui s'étend depuis Québec jusqu'au Labrador. Vues du large, ces montagnes ont l'air d'une ligne de berges et donnent au Saint-Laurent l'aspect d'un fleuve canalisé. Et cependant elles ne sont pas absolument vulgaires. Dans leurs flancs feuillus, trempés par les flots, entaillés de ravins profonds qui servent de lit à des torrents furieux et d'où s'élancent les aigrettes élégantes des mélèzes et des sapins, il y a de la sauvagerie et de la grandeur; mais, tout à coup, comme si elles se trouvaient déjà lasses de s'être convulsionnées, elles s'affaissent, s'accroupissent, se terminant par des rondeurs lourdes et des plateaux herbus, troués de lacs, qui les font ressembler à une écumoire.

Le chemin qui descend et remonte consciencieusement tous les ravins que nous rencontrons, décrit des lacets interminables. Lorsque j'ai pu constater que nous arriverions à une heure tout à fait déplacée pour déjeuner, je m'inquiète et je presse le conducteur, qui brise et m'offre pour patienter une branche de cerisier sauvage, dans laquelle les fruits brillent comme des grains de corail. Et il m'apprend, sans doute pour me donner de lui une opinion avantageuse, qu'il exerce, l'hiver, le métier de chasseur. Il chasse principalement l'ours et l'orignal, et il me raconte comment il s'empare de ces animaux. Tandis que l'ours, poussé par la faim, se laisse attirer dans un piège grossier; l'orignal se prend à la course. Il est perdu par la délicatesse de ses pieds. Lorsque ce cerf magnifique se sent poursuivi, il distance d'abord l'homme rapidement ; mais celui-ci, chaussé de raquettes qui le soutiennent et le font rebondir sur la neige molle et élastique, franchit des espaces énormes et rattrape peu à peu l'animal, dont les pieds se déchirent dans la croûte glacée qui recouvre les frimas comme dans du verre pilé. Puis quand ses blessures saignantes deviennent trop vives, l'oriqual, vaincu, fait un *ravage :* il bouleverse la neige autour de lui, et, présentant le front, la ramure baissée, il attend la mort.

— J'ai chassé aussi le caribou et le carcajou, ajoute mon conducteur, mais ce ne sont pas des bêtes faciles. Le carcajou est très malicieux. Dès qu'il aperçoit un piège, il le détend et, sauf votre respect, il fait ses besoins dessus. C'est un animal qui méprise l'homme.

Nous arrivons aux Éboulements. On ne peut se dire pourquoi ce nom a été donné à cet endroit, vu qu'il ne s'y est jamais produit aucun éboulement. Du reste, les Canadiens étiquètent volontiers leur nature de noms retentissants qui frappent l'imagination. On en rencontre qui stupéfient et dont la justification se trouve uniquement dans la satisfaction de ceux qui les ont inventés. Voici la maison où je me rends et que les habitants appellent le *manoir,* bien qu'elle n'ait rien de féodal, parce que, autrefois, elle avait été érigée en seigneurie et conférait des privilèges analogues à ceux dont jouissait la noblesse en France. Elle appartient actuellement à un descendant de la famille du saint délicieux qui a écrit la vie dévote, à M. de Sales de Laterrière.

Je reçois là une hospitalité charmante, qui me met tout de suite à l'aise, parce qu'elle est simple et naturelle. J'oublie bien vite les grâces perverses de la Malbaie et les idées subalternes qui m'y avaient hanté s'effacent au milieu de cette famille aimable, devant le spectacle du bonheur doux et de l'union affectueuse qui règnent ici.

Sur les neuf heures, M. de Laterrière fait atteler

pour me conduire au bateau qui passe au pied de la côte et me ramènera à Québec. La lune est levée et resplendit au milieu du firmament, si lumineuse, qu'autour d'elle les étoiles meurent comme dans les heures matinales de l'aurore. Mais, tandis que les montagnes, les bois, les rivages trempent dans les ondées de clarté que verse l'astre, le fleuve reste couvert d'ombre, d'une ombre bleue légère dans laquelle courent au loin des ruisseaux de lumière frissonnante. D'une île habitée par des pêcheurs de loups marins, s'élève un son de cloche monotone, un tintement triste, annonçant une agonie. Ce son monte jusqu'à nous, nous dépasse et monte encore, peut-être jusqu'au ciel auquel il est destiné.

Nous descendons par des chemins en spirale, excessivement raides, à travers des cascades de verdure au fond desquelles nous sommes noyés. Puis voici le fleuve, qui apparaît singulièrement rétréci. L'île que nous apercevions d'en haut toute petite, barre l'horizon de ses berges élevées. Les flots qui passent entre elle et la rive sont blancs, d'un blanc d'argent dansant qui fait baisser les yeux.

Des gens sont là, assis sur leurs paquets, qui attendent. M. de Laterrière me dit que le bateau devrait être en vue, mais que rien n'est moins certain que son exactitude. On ne s'étonne ni ne se plaint jamais, dans ce pays, des retards qui se produisent et qui bouleverseraient chez nous les populations. La vie est si dure, les trajets sont si longs, les communications si difficiles, que l'âme des habitants, accoutumée à la patience et à la résignation, ne connaît pas nos révoltes nerveuses. On s'entretient tranquillement autour de moi pendant que je rage et m'agite inutilement.

Tout à coup, surgit je ne sais d'où un individu bizarre, un grand vieillard, maigre et barbu, qui se promène sur le bord de l'eau, en proie à une exaltation extraordinaire. Il parle, il s'adresse à la lune, au fleuve, à la montagne, se livre à des objurgations, prononce des anathèmes, puis s'approchant d'un groupe de femmes qui le consideraient curieusement, il leur tient des discours si épouvantables qu'elles disparaissent instantanément dans les bois. Et lui-même s'éloigne en agitant avec fureur ses bras qui découpent des ombres immenses et fantastiques sur la blancheur dont la terre est revêtue.

Il me semble voir représenter une scène du roi Lear, et je demande à mon compagnon pourquoi l'on ne s'empare pas d'un fou aussi dangereux.

Il me répond :

— Ce n'est pas un fou, c'est le whisky.

Voilà le vice affreux du Nord. Et, pourtant, est-ce bien un vice ? Est-ce que les accès de bonheur passager que procure l'ivresse ne sont pas nécessaires aux hommes, pour échapper quelques instants aux tourments de leur vie misérable ?

Le coupable, c'est le gouvernement, qui frappe le vin de droits si exorbitants qu'il ne peut pénétrer dans la demeure des pauvres.

Quoi d'étonnant à ce que cette population condamnée à boire éternellement l'eau brune de ses lacs aille chercher un peu de rêve dans les boissons fermentées qui fabriquent des fous.

J'attendis là longtemps, car le bateau ne passa qu'à trois heures du matin.

Je m'embarquai mort de froid, de lassitude et d'ennui.

IX

E Québec, il y a deux manières de se rendre à Montréal : *les chars*, c'est ainsi que les habitants appellent le chemin de fer, ou le fleuve. J'optai pour cette seconde manière, et je m'embarquai le soir, de façon à arriver le lendemain au jour levant.

En approchant de Montréal, on aperçoit la Pointe aux Trembles, vis-à-vis de laquelle fut livré, par le capitaine de Vauquelin, notre dernier combat naval au Canada. Malgré sa résis-

tance héroïque, ses blessures, cet officier fut dis-
gracié sur une dénonciation calomnieuse en
rentrant en France, et jeté en prison, où il mourut, sans avoir pu obtenir d'être jugé. Plus tard,
son fils travaillait à la réhabilitation de sa mémoire, lorsque le hasard le servit mieux que ses
efforts et ses écritures. Voici comment :

Un jour, Marie-Antoinette assistant à la première communion des jeunes filles de la paroisse
de Meudon, l'une d'entre elles fut désignée par
ses compagnes pour lui offrir un bouquet et lui
réciter un compliment. Elle plut beaucoup à la
reine qui l'embrassa et lui demanda ce qu'elle
pouvait faire pour elle.

La jeune fille, les larmes aux yeux, répondit :

— J'ose demander à Votre Majesté qu'elle
fasse rendre justice à la mémoire de mon grand-
père.

C'était la petite-fille du marin qui, du coup,
obtint la révision du procès de son aïeul et appela sur son père l'attention du roi, qui le
chargea d'une mission au Maroc.

Aujourd'hui il existe, à Paris, une rue Vauquelin. La réhabilitation a donc été assaisonnée d'un peu de gloire.

Montréal est une grande ville, grande comme Bordeaux, j'imagine. Elle est belle, si la beauté des villes consiste à être percée de larges voies, bordées de hautes maisons commerçantes, encombrée de tramways, obscurcie de fils télégraphiques, téléphoniques, électriques, qui pendent sur la tête des passants comme des paquets de toile d'araignée. Il m'est impossible d'admirer ce genre d'agglomération, poussée avec la rapidité des champignons. Tout cela est confortable, pratique, intelligent et fructueux; mais on sent trop l'absence du travail lent et ingénieux des siècles, qui fait parfois chez nous d'une humble bourgade un objet d'art. Combien j'échangerais tout cela contre une petite église romane, à demi ruinée, où sommeille doucement la poésie des ancêtres.

Cependant, si Québec passe pour la ville sainte, la Mecque du Nord, Montréal se proclame la reine du Canada, une sorte d'Athènes dans ce pays austère. On loue son luxe, ses mœurs élégantes, spirituelles et polies. Or, en arrivant, l'on me servit toute chaude une aventure étrange dont deux Français venaient d'être victimes, et qui me refroidit considérablement à l'endroit de cette cité.

Mes deux compatriotes s'étaient fait présenter dans une maison mystérieuse, célèbre par les plaisirs choisis qu'y trouvent les amateurs riches et délicats. La marquise ou la baronne, je ne sais plus lequel des deux titres il faut employer, accueillit avec affabilité les deux étrangers et leur ouvrit ses salons. La soirée fut charmante et tout à fait digne de la haute réputation du lieu. Mais voici qu'en pleine fête, au moment que je n'oserai appeler psychologique, on entend un grand bruit et des alguazils paraissent : « Messieurs, suivez-nous. » Stupéfaction des deux amis, qui croient à une méprise, supposent qu'on recherche des malfaiteurs, et déclinent leurs noms et qualités. Alors, malgré leurs protestations, ils sont saisis et conduits, les menottes aux mains, devant le recorder, magistrat amphibie, moitié commissaire, moitié juge de paix, qui les vitupère et les condamne à vingt-cinq piastres d'amende pour immoralité.

Après avoir prononcé son jugement, ce magistrat facétieux leur dit : « Maintenant, messieurs, vous pouvez retourner à la maison dont vous sortez, reprendre vos plaisirs. Ils ne seront plus interrompus cette nuit. »

Le lendemain, les feuilles anglaises publiaient le jugement avec les noms des deux coupables. Les journaux français, par un sentiment de convenance vis-à-vis des gens de même race, turent les noms.

Naturellement sous ce badigeon de vertu se cachent des mœurs publiques aussi empoisonnées qu'ailleurs. Il n'y a que le Trésor qui gagne à cette tartuferie. Pour que la moralité fût complètement vengée, les produits de ces condamnations devraient être affectés spécialement à l'achèvement d'une cathédrale énorme, qui semble, comme l'église du Sacré-Cœur de Montmartre, avoir épuisé les fidèles pour l'instant.

Pour moi, je m'appliquai désormais à n'émettre que des regards chastes, et je rompis avec une marchande de tabac assez agréable qui paraissait prendre plaisir à ma conversation.

Comme la femme qui possède un seul bijou, mais un bijou si rare qu'il suffit pour la parer, Montréal porte à son front une émeraude incomparable. C'est le Mont Royal, d'où la ville tire son nom, une colline plantée d'arbres magnifiques, qui lui sert de parc et d'où la vue, dans tous les sens, se promène sur des horizons infinis. On peut y monter au moyen d'un chemin de fer funiculaire, mais il est préférable de suivre la route ombragée qui conduit en festonnant au sommet. Parmi les arbres, je remarque un grand nombre de chênes, mais différents des chênes de nos pays, lesquels ne pourraient vivre sous ce climat. Ceux-ci sont couverts de feuilles très longues, très dentelées, et d'un vert foncé luisant qui leur donne l'apparence d'arbres en zinc.

Arrivé là-haut, on s'aperçoit tout d'un coup que Montréal est situé dans une île. Le vieux Saint-Laurent lui a glissé un bras autour de la taille, comme à une belle fille rencontrée sur le chemin, à laquelle on prend un baiser en passant. Quel merveilleux fleuve que ce Saint-Laurent! Sans lui, que serait cette contrée nue, plate, morose? Elle s'éteindrait dans l'anémie, car il en est le sang, le sang abondant et riche. On dirait qu'il a conscience de son rôle, comme les acteurs fameux entourés de comparses blêmes qui portent à eux seuls le poids de la re-présentation. Maintenant qu'il n'éblouit plus les yeux par sa grandeur sublime, il forme des îles vertes et fraîches et présente des rapides auprès desquels ceux de la décharge du lac Saint-Jean donnent juste la sensation d'une tempête dans une cuvette.

En redescendant, je traverse des avenues aris-
tocratiques dont les maisons ressemblent à des
chalets terminés par des dômes. Cet assemblage
n'est pas laid, mais offre un aspect lourd et massif.
On sent dominer dans cette architecture la
préoccupation de se défendre contre le froid
féroce et la neige envahissante.

Le lendemain matin, j'apprends qu'un courrier
de France est arrivé pendant la nuit. Je cours à
l'hôtel des Postes retirer mes lettres. Mon cœur
bat d'émotion, tandis que l'employé furète dans
ses casiers crasseux, épluche les enveloppes de
toutes formes et de toutes couleurs qui attendent
leurs destinataires. Qu'il est long, l'animal! On
dirait qu'il tient à me torturer. Enfin, il me remet
un paquet, avec lequel je me précipite sous le
porche, cherchant avidement sur les enveloppes
quelles mains ont tracé mon nom. Sans m'apercevoir du lieu, des gens qui me bousculent et
s'étonnent, oublieux de tout au monde, je lis et

relis ces pages, remplies par des pensées qui me suivent, qui s'inquiètent et me rappellent. Une joie tombe sur mon cœur, car la solitude est une chose amère. Depuis un mois, j'erre seul, entouré de figures étrangères, indifférentes, intéressées, serviles et soupçonneuses, sans un mot d'affection ou d'amour. C'est à pleurer de détresse. Parfois, à certaines heures, tous ces liens qui tiennent à l'âme se raidissent et la font souffrir; mais combien l'âme souffre plus dès qu'ils sont brisés. La vie n'est bonne qu'autant que l'on aime et que l'on se sent aimé.

— Monsieur, la voiture que vous avez demandée est ici. Faut-il descendre votre valise?

Alors je m'aperçus que je me trouvais devant l'hôtel, et je me souvins que je devais partir tout à l'heure pour Suspension-Bridge, la station du Niagara.

Avant de me rendre à la gare, j'entrai chez un libraire et je pris un livre, des Nouvelles, de

Théophile Gautier. Étonné du prix, qui est le double du prix de Paris, j'interrogeai le marchand.

— Mon Dieu, monsieur, me dit-il, nous sommes obligés de vendre cher, parce que nous éprouvons souvent des pertes considérables du fait du gouvernement. Nous ne sommes jamais certains que les livres qui nous sont expédiés ne seront pas saisis à la douane.

— Mais, lui dis-je, Théophile Gautier n'est pas prohibé?

— Pas précisément, monsieur, mais c'est un nom suspect. Ainsi, *Mademoiselle de Maupin* est toujours saisie. Les autres sont susceptibles de l'être.

— Mais je vois chez vous des auteurs contemporains qui ont en France bien plus mauvaise réputation. — Et je lui signalai tels et tels...

— En effet, monsieur, mais le gouvernement n'en sait rien. Ainsi il défend l'entrée aux romans de Zola, en principe, parce que Zola est universellement connu, mais il laissera introduire des ordures parce qu'elles sont signées de noms qu'il ignore.

— Mais je vois circuler sur les chemins de fer des petites bibliothèques où figurent les ouvrages de Zola traduits en anglais.

— Oui, en anglais, mais pas en français. Ce n'est pas la même chose.

« En effet, pensai-je, ce n'est pas la même chose, car que subsiste-t-il d'une œuvre d'art dans une traduction ? »

Et le libraire ajouta, sans doute rassuré par le ton de ma conversation :

— Si vous désirez des romans de Zola ou d'autres, j'ai tout ce que vous pouvez désirer, mais ailleurs que dans mon magasin. Seulement je les vends de deux à quatre piastres à ma clientèle en raison des risques que je cours.

Diderot avait sur ce point une opinion ainsi exprimée : « Celui qui supprime un mauvais livre ou qui détruit une statue voluptueuse, ressemble à un idiot qui craindrait de pisser dans un fleuve de peur qu'un homme ne s'y noyât. »

En route pour le Niagara. — Je m'arrange, dans le pulmann, pour dormir, éreinté par deux nuits passées avec des punaises qui se sont livrées sur mon pauvre corps à d'impudiques folies, et que je supplie M. le recorder de faire arrêter.

X

EN approchant du lieu où le Niagara se précipite, le train passe sur un pont de fer élevé, du haut duquel on aperçoit l'une des chutes, qui semble un déversoir au fond d'une tranchée. L'œil est presque surpris de ne pas rencontrer là un moulin. L'effet est tellement médiocre, que l'on éprouve une déconvenue cruelle, et l'on se demande si ces chutes célèbres ne vous ménagent pas une mystification. Il faudrait se rendre compte d'abord de la hauteur du pont, qui rapetisse tous les objets, mais l'impression spontanée n'attend pas les réflexions pour se déterminer.

Je descends dans une auberge tenue par un Français, installé là depuis quarante ans, qui m'étonne par les questions dont il m'accable sur la politique de son ancienne patrie, et par l'intérêt qu'il marque pour la dynastie d'Orléans. Et, comme je lui demandais de me procurer de suite une voiture pour me mener aux chutes, il me dit :

— C'est moi qui les ai fait voir au comte de Paris. Il m'a donné quarante piastres. Je n'ai pas perdu ma journée... C'est un homme bien gracieux. Qu'est-ce qu'on dit donc de lui en France ?

Alors j'eus du coup l'explication des préférences de cet homme, ébloui par ce client extraordinaire. Il me proposa son fils pour me servir de guide.

Donc pendant quatre heures durant j'ai erré autour de cette merveille du monde, mais il me serait impossible de la décrire, de donner même une idée de sa forme matérielle, tant l'impression qu'en reçoit l'esprit est confuse et aveuglante. Les personnes qui se rendront au panorama de l'avenue du Bois de Boulogne ou examineront simplement de bonnes photographies des chutes, les connaîtront mieux que moi.

Il n'existe plus ni profondeur, ni hauteur, ni dimension ou rapport d'aucune sorte. On se trouve en présence d'une force mystérieuse qui s'empare de l'âme, la pénètre et l'absorbe dans une extase où elle se fond. Cette sensation de bonheur, si intense qu'on en désire mourir, m'a visité parfois au fond des forêts, dans les glaciers ou devant l'infini de la mer, éveillé soudainement par je ne sais quel charme mystique et voluptueux qu'exhale à certaines heures la nature, ivre de sa beauté. Ici la puissance du rêve fut extraordinaire. Il me sembla que je me trouvais dans le temple consacré à la divinité qui possède l'empire des eaux souterraines, et que je l'adorais, saisi d'effroi religieux, extasié, éperdu d'amour.

— Soit que le regard errant se porte sur la vaste étendue des eaux tourmentées et douloureuses qui sortent des bois et accourent vers l'abîme, soit qu'il contemple les flots nuancés de vert qui se courbent et tombent en paquets de dentelle toujours et toujours renouvelés; ou la poussière blanche éblouissante s'élevant du fond de la chute, illuminée par un arc-en-ciel aux tons changeants, l'impression demeure unique, souveraine, inexprimable en langage humain. — Il est certain qu'à ces moments l'âme se dégage et s'élève pour s'unir au beau immortel, par lequel notre misérable nature est consolée, à Dieu si c'est là Dieu !

Chose singulière ! ces chutes, qui produisent un bruit effroyable, pareil à celui du tonnerre, me parurent silencieuses. Je n'entendis rien, tant l'émotion du spectacle m'étreignait le cœur.

Les arbres qui environnent ce lieu et peuplent les îles sont d'une incomparable beauté, et prolongent dans le ciel la majesté de la tempête qu'ils abritent de leurs ombrages.

Malheureusement les Américains n'ont pas respecté la poésie mystérieuse des eaux. Ils ont placé de tous les côtés des escaliers, des échelles, ménagé des refuges qui permettent de surprendre leurs grâces cachées, d'examiner leurs charmes les plus secrets, ceux que la nature avait jalousement dérobés aux regards. Même un petit vapeur rôde dans les rapides, amenant des troupeaux d'imbéciles jusqu'au pied des chutes, où il semble perdu dans un nuage de mousseline. Si ce peuple mercantile avait trouvé moyen de retrousser l'eau comme une robe, pour faire voir ce qu'il y a dessous moyennant une piastre aux touristes paillards, il n'y aurait pas manqué. On éprouve comme le sentiment d'une profanation, la profanation d'une beauté royale par une populace grossière.

Je voudrais que toutes les habitations qui encombrent le pays fussent rasées à dix lieues à la ronde, que cette terre fût rendue à la pure nature, que la forêt vierge reprît ses droits violés. Ce serait un lieu sacré, où les mortels tremblants s'approcheraient seuls, qui viendraient adorer la divinité des eaux et chercher ses oracles redoutables, comme jadis les anciens dans la forêt de Dodone.

C'est singulier : du haut des falaises entre lesquelles ils fuient, les flots tombés semblent dormir, comme écrasés par la fatigue de leur formidable chute. On les dirait figés, si les larges festons d'écume qui les couvrent ne témoignaient de leur agitation furieuse. — Je résolus de descendre sur la rive. On descend au moyen d'un petit chemin de fer funiculaire qui vous met si près des rapides, que l'on peut y mouiller ses pieds. Là, par exemple, on se rend compte de la course des eaux. Elles sont emportées dans un galop fou fantastique, retenant invinciblement le regard et fascinant l'esprit. Des vapeurs grisantes montent au cerveau, qui ôtent la conscience des objets extérieurs et apportent à l'âme une telle langueur, que l'on comprend comment, aux heures tristes, il y ait des gens auxquels cette tombe humide offre d'irrésistibles tentations.

Un industriel se présente avec un appareil photographique, proposant de me reproduire dans l'encadrement de ce site sauvage. Il me montre, pour m'inciter, des portraits de gens qu'il a photographiés là dans des attitudes grotesques. Tandis qu'il fait ressortir tout ce qu'il y aurait de flatteur pour moi à rapporter à mes amis une image datée du Niagara, une noce apparaît et me délivre des obsessions de l'artiste. Il se précipite pour lui offrir ses services, et je vois, en m'éloignant, qu'ils ne seront pas repoussés.

En haut, je trouve deux jeunes personnes qui me sollicitent, avec des sourires gracieux et des gazouillements d'oiseaux, de leur acheter des souvenirs de la chute. Comme je les remercie, elles me tournent le dos en me témoignant, par des propos pénibles, qu'elles me méprisent avec profusion.

Le soir, à table, j'appris d'un Américain que

la puissance de la chute avait été estimée à sept millions de chevaux vapeur, et que l'on projetait d'exploiter cette force énorme pour la production de l'électricité. — Immédiatement la pensée que cette eau deviendrait industrielle et servirait aux besoins des hommes fit tomber mon enchantement, au point qu'il ne m'aurait plus été possible de retrouver en sa présence un autre sentiment que celui de la curiosité, celui qu'inspire la tour Eiffel, par exemple. Je sentis se produire en moi ce vide amer que laisse après lui un amour subitement écroulé. — Et je me rappelai une petite cascatelle bavardant en liberté dans les bois de mon pays, qui ne servira jamais qu'à désaltérer les oiseaux, et je pensai qu'elle me punissait en ce moment de l'avoir oubliée pour sa sœur magnifique et orgueilleuse. Je pensai aussi qu'elle me consolerait un jour, lorsque assis près d'elle, sur la mousse fraîche, elle m'ouvrirait la porte de rêves moins sublimes, mais plus doux.

XI

LORSQU'ON quitte brusquement le Nord et ses nudités pour se réveiller sur les bords du lac Ontario, le contraste est surprenant. Ici les campagnes sont opulentes. L'œil habitué aux uniformes pâleurs des horizons vides, est ébloui par l'éclat des cultures et la beauté des arbres dont la terre est revêtue. On dirait qu'un pinceau chargé de couleurs grasses et réjouissantes a bariolé ce sol avec une fantaisie exubérante. Je sentais mon âme se remplir de cette chaude béatitude qu'on éprouve en entrant dans un salon élégant et clair après une tournée de visites de charité dans des quartiers perdus.

Les villes qui peuplent les bords du lac sont énormes et ne laissent pas d'abord que de déconcerter l'esprit plein des souvenirs des lectures de l'enfance. Le lac Ontario! Quel nom magique et quel flot de sensations il éveille en moi! Quand on a parcouru ces lieux avec le dernier des Mohicans, aimé Cora et détesté le Renard subtil, souffert et triomphé avec la Longue Carabine, il est impossible, malgré la transformation attendue de ces contrées, de ne pas éprouver un chagrin rapide mais brûlant qui passe sur le cœur comme une flamme et dessèche une humble fleur de poésie oubliée par les bouleversements de la vie.

Hamilton. — Une ville de cinquante mille habitants qui ressemble à un immense village.

Elle traverse l'âge ingrat des grandes cités, mais elle est déjà pourvue de tout l'outillage scientifique qui rend la vie moderne facile et confortable. Aucun motif ne m'amenait là, si ce n'est le désir d'aller voir un épicier, un marchand de grocceries, ainsi qu'il s'intitulait, avec lequel je m'étais lié sur le *Parisian,* et qui m'avait demandé avec insistance de visiter ses magasins en passant.

D'abord je déjeune. Dans l'hôtel où je suis descendu, le service est fait par des nègres à l'air intelligent et bon. On ne saurait s'imaginer les soins, les attentions délicates et discrètes, presque affectueuses, dont je suis entouré par un vieux nègre qui s'occupe de moi. Cette race est unique pour servir. Elle a le génie de l'esclavage, et je ne vois pas clairement quel profit elle a pu tirer de son affranchissement, car, en même temps que les qualités, elle possède les vices des créatures inférieures qu'il faut brider. Quant aux civilisés, ils se sont volontairement privés d'une des jouissances les plus rares que le monde ancien ait léguées au nouveau. L'on dit bien que l'esclavage est inhumain, et l'on prononce le grand mot vide de liberté, et l'on se congratule à propos de l'abolition de cet état social comme si les malheureux blancs, qui crèvent de misère dans les grandes villes devant l'opulence extravagante de leurs concitoyens favorisés de la fortune, n'étaient pas plus à plaindre que des noirs nourris, sûrs du lendemain et inconscients.

Après m'avoir installé à une table, mon vieux nègre plaça devant moi une jatte de fruits et disparut. Je regardai cette jatte avec complaisance, car elle était composée de pêches et de poires qui semblaient provenir de la terre de Chanaan, et sur lesquelles s'écroulaient des raisins lumineux dont mes lèvres se mouillaient par avance. — Mais au bout de quelques instants cette contemplation vaine me lassa, et, désireux d'une nature morte plus substantielle, j'appelai. Je me trouvais seul alors dans la salle, vu l'heure avancée; personne ne se présenta. J'attendis encore, puis pressé par la faim, je devins furieux.

M'étant levé, j'allai saisir des hors-d'œuvre étalés sur un buffet et j'apaisais mon appétit, quand tout à coup le nègre apparut joyeux, portant sur un plateau un déjeuner qui fumait jusqu'aux solives. En m'apercevant plongé dans une boîte de sardines, son visage présenta instantanément l'aspect d'une consternation profonde comme si j'avais commis une faute grave, affligeante, — et il m'expliqua que les fruits devaient être consommés en premier lieu pour liquider l'estomac et le préparer à recevoir les aliments lourds et nourrissants. Cette méthode doit en effet convenir aux Américains, dont les organes sont détériorés par l'abus des choses violentes qu'ils avalent sans mesure. Pour moi, je préférai suivre l'ordre vulgaire dans lequel j'avais coutume de me nourrir, mais néanmoins, par la manière dont j'honorai son repas, je contentai mon bon serviteur qui me pardonna et reprit sa sérénité.

Puis je me mis en quête de mon épicier. Jamais de ma vie je ne vis un homme stupéfait comme ce négociant lorsqu'il m'aperçut. Évidemment il ne s'attendait pas à ma visite. Il m'accabla de politesses et me conduisit dans sa cave pour me faire juger de l'importance de son commerce. Même il me concéda, avec l'intention visible de m'être agréable, la supériorité du savon de Marseille sur les savons américains.

Le lendemain, j'errais dans Toronto par une pluie torrentielle, attendant le bateau qui descend le Saint-Laurent à travers les mille îles et grands rapides qui rendent célèbre le cours de ce fleuve entre l'Ontario et Montréal. Toronto est à peu près de même importance, de même physionomie que Montréal, également banale et ennuyeuse. J'ai entendu dire que ces deux villes se jalousent, prétendant à la royauté du Canada. Si la première possède le lac et un climat plus doux, les grands navires peuvent remonter jusqu'à la seconde qui en tire une supériorité commerciale incontestable. Il est à présumer cependant qu'en raison de son voisinage avec les

États-Unis, Toronto, la dernière née, éclipsera un jour sa rivale.

Cependant je monte sur le bateau qui démarre et s'avance rapidement au milieu du lac. Ces bateaux, que nous ne connaissons pas en Europe, sont supérieurement organisés. Ils offrent quelque analogie avec l'établissement de bains flottant qui stationne près du Pont-Neuf et s'appelle la Samaritaine. C'est une énorme maison composée d'un rez-de-chaussée où se trouvent les communs et les places inférieures, d'un premier et d'un second étage qu'occupe, dans toute leur longueur, un salon sur lequel s'ouvrent les cabines des passagers. Les flancs du bateau contiennent la salle à manger et les cuisines. A l'avant et à l'arrière, des terrasses permettent de considérer le pays.

Pour le moment, le pays consistait en une vaste étendue d'eau jaune très agitée, sur laquelle la lourde masse du bateau ballottait avec les allures maladroites d'un gros canard. Puis bientôt les nuages s'emplirent au point de noircir le ciel, et le lac s'exaspéra tout à fait. Les vagues courtes et trapues frappaient et ébranlaient les cloisons comme de coups de poing formidables, et plusieurs, ayant sauté par-dessus bord, descendirent dans la salle à manger avec un bruit de cascade. Alors le capitaine déclara qu'il fallait attérir et nous dirigea vers le port le plus voisin qui s'appelait Bowmanville. Ce port consistait dans un petit bassin qui se trouva heureusement disponible, car notre bateau le remplit à lui tout seul. Devant nous une haute berge gazonnée, déserte. Dans le lointain seulement, à travers la pluie, la pointe d'un clocher signalait un lieu habité. On dîna, puis on remonta dans le salon, où chacun offrit une mine profondément découragée.

Tout d'un coup quelqu'un émit l'idée d'organiser un concert. Alors un grand garçon roux, qui jouait avec un petit garçon, s'approcha d'un paquet de châles et de couvertures étendu sur un canapé et le remua. Il en sortit une tête de jeune femme aux cheveux noirs ondés, commune mais assez jolie, avec des yeux d'un bleu clair transparent et profond qui semblaient découpés dans la peau de ces bêtes que la mer en se retirant laisse sur les plages comme des chiffons et qui s'appellent, je crois, des méduses. Au milieu une prunelle noire, mêlée de jaune, qui exprimait de l'ennui. L'homme roux, après une discussion, décida la jeune femme qui vint s'asseoir au piano. C'était une comédienne anglaise. Elle se mit à chanter. Sa voix frêle et grelotante agaçait les dents comme un grain de raisin vert, mais elle chantait des chants d'amour et était adorablement émue. Les petites notes vinaigrées qui brûlaient l'oreille, disparaissaient dans l'art sincère avec lequel elle s'exprimait.

Soudain elle dit gentiment :

— Maintenant, pour les Français.

Et elle plaqua sur l'instrument les accords tumultueux de la *Marseillaise*.

— Non, lui dis-je doucement, plutôt un air du pays.

— Voulez-vous la *Claire fontaine* ? répondit-elle. — Et voici ce qu'elle chanta :

A la claire fontaine
M'en allant promener,
J'ai trouvé l'eau si belle
Que je m'y suis baigné ;
Il y a longtemps que je t'aime,
Jamais je ne l'oublierai.

J'ai trouvé l'eau si belle
Que je m'y suis baigné ;
Sous les feuilles d'un chêne
Je me suis fait sécher ;
Il y a longtemps que je t'aime,
Jamais je ne l'oublierai.

Sous les feuilles d'un chêne
Je me suis fait sécher ;
Sur la plus haute branche
Le rossignol chantait.
Il y a longtemps que je t'aime,
Jamais je ne l'oublierai.

Sur la plus haute branche
Le rossignol chantait ;
Chante, rossignol, chante,
Toi qui as le cœur gai.
Il y a longtemps que je t'aime,
Jamais je ne l'oublierai.

Chante, rossignol, chante,
Toi qui as le cœur gai.
Tu as le cœur à rire,
Moi je l'ai à pleurer.
Il y a longtemps que je l'aime,
Jamais je ne l'oublierai.

Tu as le cœur à rire,
Moi je l'ai à pleurer ;
J'ai perdu ma maîtresse,
Comment m'en consoler ?
Il y a longtemps que je l'aime,
Jamais je ne l'oublierai.

J'ai perdu ma maîtresse,
Comment m'en consoler ?
Pour une blanche rose
Que je lui refusai.
Il y a longtemps que je l'aime,
Jamais je ne l'oublierai.

Pour une blanche rose
Que je lui refusai ;
Je voudrais que la rose
Fût encore au rosier.
Il y a longtemps que je l'aime,
Jamais je ne l'oublierai.

Je voudrais que la rose
Fût encore au rosier
Et que le rosier même
A la mer fût jeté.
Il y a longtemps que je t'aime,
Jamais je ne t'oublierai.

Je voudrais que la rose
Fût encore au rosier
Et moi et ma maîtresse
Dans la même amitié.
Il y a longtemps que je t'aime,
Jamais je ne t'oublierai.

— Encore, lui dis-je, et autre chose.

— Quoi?

— Ce que vous voudrez.

— La *Canadienne*, alors.

Et elle reprit:

Vive la Canadienne,
Vole, mon cœur, vole,
Vive la Canadienne
Et ses jolis yeux doux !

Nous la menons aux noces,
Vole, mon cœur, vole,
Nous la menons aux noces,
Dans tous ses beaux atours.

Nous faisons bonne chère,
Vole, mon cœur, vole,
Nous faisons bonne chère
Et nous avons bon goût.

On danse avec nos blondes,
Vole, mon cœur, vole,
On danse avec nos blondes ;
Nous changeons tour à tour.

Alors toute la terre,
Vole, mon cœur, vole,
Alors toute la terre
Nous appartient à tous.

Ainsi le temps se passe,
Vole, mon cœur, vole,
Ainsi le temps se passe,
Il est vraiment bien doux.

Vive la Canadienne,
Vole, mon cœur, vole,
Vive la Canadienne
Et ses jolis yeux doux !

— C'est tout, dit-elle, je ne sais plus rien.
Alors chacun vint à son tour jouer, chanter,
réciter ce qu'il savait, et de rire, et de s'amuser.
Le plus grand succès fut obtenu par un monsieur

qui fit le tour du salon sur les mains, les jambes en l'air.

Enfin, nous atteignîmes gaiement une heure raisonnable pour dormir.

Au moment où l'homme roux se retirait, avec sa compagne, je fus pris de cette sensation qu'on éprouve inconsciemment en voyant passer une jolie femme au bras d'un autre, une sensation de peine comme si l'on vous dérobait du bonheur qui vous appartient. Et je me retirai aussi dans ma cabine, où ma pensée voyageuse se berça, pour se consoler, dans les jolis vers des *Solitudes* :

> *Ouvrir les bras et, las d'attendre,*
> *Sur le néant les refermer,*
> *Mais encor, toujours les lui tendre,*
> *Toujours l'aimer.*

Mais je ne fus pas consolé du tout et je dormis très mal.

Le lendemain, au petit jour, je fus réveillé

par le ronflement de la machine, puis les hélices battirent l'eau et un doux balancement d'escarpolette m'apprit que le bateau reprenait sa course sur le lac apaisé. Je restai longtemps engourdi sur mon étroite couchette.

Rien n'est bête comme de l'eau sans rivages et sans lumière. Toute la journée, des nuages plombés pesèrent sur les vagues jaunes ourlées d'une écume sale, d'une bave de rage vaincue. La fumée noire qui sortait de la cheminée, écrasée par la lourdeur humide de l'atmosphère, retombait sur le bateau, nous empoisonnant, nous saisissant à la gorge. Vers le soir, subitement, le ciel s'éclaircit et le fond du lac apparut se dessinant en une ligne vert sombre. On fit escale à Kingston et on pénétra aussitôt dans le Saint-Laurent.

Je n'oublierai jamais l'heure que j'ai passée là, sur la terrasse de ce bateau. Le soleil s'enfonçait dans un désordre de nuées extravagant qui faisait ressembler le ciel à une vaste couche ravagée par une nuit d'amour. Tandis que les nuées traînaient en lambeaux magnifiques pourprés et violets, sur le fond d'or de l'horizon, le fleuve devenait rose, d'un rose crémeux, sur lequel pleuvait une poussière lumineuse. Et les îles innombrables fuyaient comme des monceaux de verdure emportés par ces flots de féerie.

Qu'il est délicieux, à ces moments, de sentir entre ses mains fondre une main de femme, de sentir son émotion partagée par une créature aimée! Instinctivement, je cherchai autour de moi, comme si je pouvais rencontrer là l'amie que mon cœur appelait, et mon regard tomba sur la chanteuse. Elle était assise sur une chaise berceuse, la tête renversée; ses lèvres entr'ouvertes laissaient voir la ligne des dents, et ses yeux se mouraient. Y a-t-il rien de plus joli au monde que de voir se mourir les yeux d'une femme, lorsque la lueur se retire pour éclairer le rêve charmant de volupté qui se passe dans l'intérieur mystérieux de son être? Je regardais tour à tour le spectacle merveilleux qu'offrait la nature et cette jeune femme pâmée d'amour, et je sentis errer dans l'espace un bonheur divin que j'étais impuissant à atteindre. Et il me monta du cœur des larmes chaudes, à la pensée que toute cette poésie n'était qu'un songe, une illusion, et que mon cœur, éternellement avide, serait éternellement inassouvi.

Puis, finalement, je me dis qu'en somme, il valait mieux ne pas se casser la tête contre des portes qui ne veulent pas s'ouvrir, et que la recette de saint Vernange offrait un moyen suffisamment agréable de traverser la vie. Pour saint Vernange, raconte Stendhal dans ses mémoires, l'idéal de la vie consistait à assister à un souper gai, avec du vin de champagne, des femmes aimables, et des hommes d'esprit qui font des contes.

N'est-ce pas, en effet, le meilleur moyen de nous défendre contre l'aspiration vers l'idéal insaisissable qui nous exaspère, que de nous éparpiller dans une quantité de petits plaisirs matériels jusqu'à l'heure où le mystère se découvre par la mort libératrice ?

Tout à coup la jeune femme, sortant de son

extase, surprit mon regard sans doute fixé sur elle avec trop d'insistance, et, se levant, elle appela son petit garçon. Cet enfant était superbe et d'une vivacité de jeune chien très amusante, mais il exerçait sur les passagers une tyrannie insupportable. Il fallait jouer, toujours jouer, autrement on recevait des coups de pied dans les jambes, et ses petites pattes sales sur la figure. Les autres s'en débarrassaient par une paire de gifles, qu'il acceptait du reste sans étonnement, et dont il ne témoignait pas de rancune; mais moi, je n'avais pas employé ce moyen de peur de désobliger la mère, et j'endurais, rageant sourdement, toutes les misères qu'il plaisait à ce gamin de me faire. Je pensais : « Sait-on jamais ce qui peut arriver? Les enfants, comme les chiens, ne sont-ils pas d'excellents entremetteurs en matière de galanterie? »

Et je dis à la mère une phrase bête et lâche, au sujet de la beauté et de la gentillesse de son fils.

— Mais, me répondit-elle, ce n'est pas mon

fils, c'est un enfant qu'on nous a confié pour être conduit à l'orphelinat d'Ottawa.

Sans réfléchir, je répondis d'un trait :

— Ah ! tant mieux.

Elle me considéra, stupéfaite, et me dit :

— Tant mieux, pourquoi ?

— Ma foi, répondis-je franchement, parce qu'il est insupportable et que je pourrai maintenant le corriger à mon aise sans risquer de vous déplaire.

— Comme les Français sont drôles !

Et je n'ajoutai pas, saisi par une envie d'amour vague, inavouée, folle, puisque son mari se trouvait près de nous, qu'il se mêlait au contentement d'être désormais affranchi des mauvais traitements du petit bonhomme, une joie secrète d'apprendre que son joli corps n'avait pas été torturé et défraîchi par la maternité brutale et dégoûtante.

Et nous allâmes nous appuyer à la balustrade de la terrasse, regardant le jour s'éteindre.

Tout se décolorait rapidement. Et tandis que

des étoiles impatientes jetaient déjà leurs feux vifs dans le ciel pâli, peu à peu des lumières s'allumaient dans l'épaisse verdure des îles comme si on eût accroché aux arbres des lanternes vénitiennes. Ces îles, qui servent aux Américains de séjour d'été, sont d'une variété infinie et d'une grâce charmante. Il y en a de grandes, toutes en pâturages, dans lesquelles se promènent des vaches et des moutons; d'autres sont arrangées en parcs, en jardins très soignés, brodés de fleurs. Quelques-unes, toutes petites, formées par des rochers soulevés hors de l'eau, contiennent juste l'habitation qui a l'air de flotter. On se croirait dans la campagne élégante, peuplée de villas, des environs de Paris, en s'imaginant que les chemins, les places, les carrefours sont de l'eau, et que les murs, les affreux murs qui détruisent les plus admirables paysages, n'existent pas. La nuit était tout à fait tombée, mais le fleuve, semé de lumières, sillonné de bateaux et plein de bruits joyeux, donnait l'impression d'une promenade publique un jour de fête.

Soudain, nous apercevons une clarté blanche qui coupe la route devant nous, et nous frôlons une énorme construction, un hôtel ou un palais, tellement éclairée qu'elle semble enfermer dans ses murs un incendie. Le long de la façade, des globes alignés répandent au loin une lumière bleuâtre dans laquelle les objets trempent comme dans du clair de lune. Aux fenêtres, sur les balcons, des hommes en frac, des femmes décolletées nous regardent passer. L'effet est saisissant et fantastique. Quelqu'un sur le bateau a l'idée d'envoyer un baiser en l'air; alors il tomba sur nous une mousqueterie de baisers, de fleurs, de friandises, accompagnée de hurrahs frénétiques, auxquels nous répondons de notre mieux. Et, tandis que la vision, rapide comme l'éclair, disparaît, nous entendons éclater la musique enragée d'*Orphée aux Enfers,* qui nous poursuit dans l'obscurité.

— C'est Alexandria Bay, dit-on à côté de moi. On ne s'y ennuie pas, ce soir.

Un peu plus loin, le bateau s'arrête. Je distingue une station de chemin de fer, un train qui chauffe, un mouvement de voyageurs, et nous repartons. Il est minuit, et je vais dormir en priant le *stewart* de me réveiller au moment où nous approcherons des rapides.

Vers les cinq heures du matin, le premier rapide est signalé. Il s'appelle *Galop Rapids*. De loin, barrant le fleuve uni, cela fait l'effet de montagnes figurées sur une carte en relief, une petite Suisse dont les cimes remuent. Le bateau entre là dedans à toute vapeur et est aussitôt horriblement bousculé. Ce ne sont plus les vagues allongées et régulières de la grande mer qui produisent le tangage et le roulis, c'est un chaos d'eaux qui se dressent toutes droites, hérissées, pointues, en dents de scie, énormes, donnant à peu près l'impression d'eaux bouillantes exaspérées par une chaleur extraordinaire, comme si le fleuve eût passé tout à coup sur un volcan en éruption au fond de son lit. La traversée offre-t-elle des dangers? Je n'en sais rien. Je remarque cependant que le capitaine est monté dans la lanterne où le gouvernail se trouve placé et qu'il dirige lui-même la manœuvre, jusqu'à ce que le passage ait été franchi, l'espace de cinq ou six minutes. La curiosité est piquée devant ce spectacle inaccoutumé, mais l'émotion demeure absente, car le sentiment de l'insécurité ne s'éveille pas. Sur la terrasse du bateau, l'on se sent trop éloigné de la bataille furieuse des eaux, que l'on considère d'en haut, ainsi que du toit d'une maison. Comme je préférais la descente de la décharge du lac Saint-Jean ! Mon petit canot en écorce traversait des rapides de poupée à côté des mouvements prodigieux du Saint-Laurent ; mais le péril frémissait sous mes pieds, et il y avait de l'art dans cette lutte directe de l'homme avec la nature révoltée.

Cinq ou six fois dans la journée, sous des noms divers, le Saint-Laurent nous offre cette distraction, qui n'est pas inutile pour diminuer l'ennui des heures, vu la monotonie des pays plats et nus que nous traversons. Les riches cultures qui bordent l'Ontario, les verdures puissantes des mille îles ont disparu et nous retombons dans l'immobilité rigide du Nord.

En arrivant à Montréal, le fleuve nous ménage une surprise, son dernier rapide, qui porte le nom de Lachine, est supérieur à tout ce qu'il nous avait montré jusqu'alors dans ce genre. Au milieu d'une plaine d'eau morte, le rapide, frémissant, couvre et découvre les dos noirs de rochers énormes, entre lesquelles notre route est tracée. Le bateau, entraîné par un courant d'une violence inouïe, soulevé sur les crêtes des flots, est littéralement précipité dans un couloir étroit, où il glisse plutôt qu'il ne passe, frôlant les parois de pierre, qui luisent comme s'ils avaient été graissés avec de l'huile. Cela dure l'espace d'un éclair, mais on se sent traversé des pieds à la tête par la petite secousse rare, exquise, que procure une émotion inéprouvée.

Et puis, voici les quais encombrés de marchandises, où s'agite la populace malpropre des ports, bordés de hautes maisons barbouillées par la fumée des steamers.

Bientôt je dis adieu à mes compagnons, à la jeune femme qui me serre la main et disparaît au tournant d'une rue, traînant le petit garçon et suivie de son mari, chargé de paquets. Songeant que je ne la reverrais jamais, j'éprouve un pincement rapide et cuisant au cœur, la piqûre vive que cause un cheveu brusquement arraché.

Nous n'avions pas dit grand'chose, accoudés tous les deux sur le balcon du bateau, mais nous avions frisé l'amour, sans prononcer un mot d'amour, et il me semblait que dans cette fête magnifique de la nature, sans nous parler, nous nous étions entendus.

Le lendemain matin, je m'aperçus avec stupeur que mes jambes étaient toutes noires et me faisaient mal. Indubitablement c'étaient les coups de pied de l'affreux polisson, que ma lâcheté avait supportés. Ces marques subsistèrent longtemps, plus longtemps que les émotions de ce voyage, et aidèrent à mon souvenir, lorsque j'écrivis ces pages.

XII

EST en lisant un ouvrage sur l'Acadie, intitulé *Un Pèlerinage au pays d'Évangéline*, que le désir me vint de visiter avant de partir cette contrée, la plus infortunée des temps modernes, et peut-être de tous les temps.

Si Longfellow a exprimé la poésie de cette terre dans son conte immortel, M. l'abbé Casgrain, l'auteur du livre que je feuilletais, doit, sous un titre modeste, en avoir écrit l'histoire vraie. Ce n'est pas construit comme les grands édifices historiques, avec des moellons reposant sur pilotis, susceptibles de s'effondrer un jour sous la poussée d'un document subitement exhumé. Ce sont des récits clairs, simples, familiers, racontés avec l'âme patriarcale du sol Acadien. Il semble qu'on lise une bible, la bible de ce peuple bouleversé.

Lorsqu'il fut question à l'Académie de couronner ce livre, un académicien observa que l'auteur, étant Canadien, étranger par conséquent, ne pouvait concourir. Le duc d'Aumale, qui assistait à la discussion, dit :

— Si un Alsacien-Lorrain présentait aujourd'hui un ouvrage à l'Académie, refuseriez-vous de le récompenser par la raison que l'auteur serait étranger ?

Et le livre fut couronné.

Informé de mon désir, M. Mac Donald, le surintendant du chemin de fer Intercolonial, qui traverse l'Acadie, unissant Québec à Halifax, me conseilla avec une extrême bonne grâce. Dans ces étendues infinies, le voyageur sans direction se trouve aussi perdu qu'une fourmi dans la campagne, risquant de faire des trajets énormes pour ne rien voir du tout. C'est à Muncton, une station du nouveau Brunswick, sur une pointe de la baie de Fundy, qu'il fut convenu que je m'arrêterais.

La ligne suit les hauteurs qui bordent le Saint-Laurent. Ce sont des plateaux nus, des déserts d'herbes frissonnantes. Parfois ils se déchirent brusquement, pour laisser passer un torrent aux eaux rageuses. Alors on aperçoit le fleuve comme au fond d'une crevasse. A intervalles, du côté du nord, la voie est défendue par des barrières contre la neige, qui l'obstruerait l'hiver. Même en quelques endroits elle est couverte entièrement par des planches, sous lesquelles le train s'engage comme dans un tunnel. Voici Rivière-du-Loup, une petite ville toute neuve, déployée en éventail devant le fleuve.

Presque en face, dans le lointain bleuâtre, on devine les portes du Saguenay. Puis, plus loin, Rimouski. Là, nous tournons brusquement à droite, pour longer la baie des Chaleurs, ainsi nommée par Jacques Cartier, qui fut sans doute étonné de n'y pas geler lorsqu'il la découvrit, par un beau jour de juillet de l'année 1534.

Les petites localités maritimes où s'arrête le train, semées le long de rivages très découpés, plantés de grands arbres, sont jolies; mais la vue est blessée par la côte nue et pierreuse qui ferme la baie, en face. Dans ces eaux tranquilles et désertes, d'un bleu froid, fut détruite, en 1760, une escadre française, par le capitaine Byron, grand-père du poète. Je ne crois pas que nous ayons livré des combats de mer dans des régions plus septentrionales, si ce n'est pourtant dans la baie d'Hudson, cinquante ans auparavant; mais là, ce fut un Français, Lemoyne d'Iberville, qui triompha.

A présent, le pays devient très laid. Pendant d'interminables heures, nous traversons des

plaines parsemées de bois rachitiques, brous-
sailleux, dans lesquels dominent l'épinette, le
tremble et le bouleau, et qui tachent le sol
comme des plaques de lèpre. Ce n'est pas triste,
ni mélancolique ni sauvage, car on rencontre
souvent des habitations et des hommes. Ce
n'est pas non plus affreux. C'est pire, car c'est
nul. Certaines parties misérables de la Sologne
se présentaient d'abord à mon souvenir; mais
sur ces haillons, une poésie flottait qui éloigne
la comparaison avec les étendues uniformément
vulgaires et plates qui défilent sous mes yeux.

Muncton. — Une petite sous-préfecture de
France. Dans les rues, très larges et propres,
quelques jolies maisons entourées de jardins;
mais aucune animation. Les gens qui passent ont
l'air navré et marchent silencieusement comme
s'ils suivaient un enterrement, et malgré le soleil
qui brille dans un ciel pur, cette ville trempe
dans une atmosphère noirâtre, comme si la

lumière tombait sur la terre à travers des voiles de crêpe. — On reçoit d'abord l'impression d'un lieu où régnerait une épidémie, et, malgré moi, j'avance, saisi de crainte, à la recherche de l'hôtel de Brunswick qui m'avait été indiqué. Il est excellent, cet hôtel. C'est la première fois que je suis nourri convenablement au Canada. M. Fuchs, le *manager*, dont je deviens de suite l'ami, est né en France. Il me stupéfie par son air comme il faut, sa conversation intelligente, par les connaissances qu'il possède sur notre littérature, dont il se montre friand. Lorsque je lui fais part du but de mon voyage, il me regarde avec commisération, et quand, timidement, je témoigne le désir de voir la célèbre marée de la baie de Fundy, il me semble lire sur son visage clair qu'il me prend pour un innocent dont la naïveté est exploitée. Il me dit, avec une douceur ennuyée, en tirant sa montre :

— Vous pouvez voir la marée dans une demi-heure, je crois. Vous n'avez qu'à descendre la rue, vous vous trouverez sur le bord de l'eau.

L'eau! Voici ce que c'est : La mer enfonce dans la terre une sorte de tire-bouchon large comme la Seine environ, dont la pointe est tournée contre la ville. La marée était basse, de façon que le lit de ce tire-bouchon se trouvait occupé par de la vase, sur laquelle miroitaient des ruisselets pareils à des traînées de limace. Jamais de ma vie je n'ai contemplé autant de vase. Il y en avait de la blonde, de la brune, de la jaune, de la bleue, unie, plissée, marbrée, festonnée, matelassant le fond et les berges et se déversant sur les bords en gros bourrelets malsains. Le mouvement maritime était représenté par des gamins sans pantalons qui patrouillaient, la chemise retroussée, dans ce cloaque, et par un vieux bateau de pêche effondré qui avait l'air d'une énorme charogne en décomposition. Çà et là quelques poissons crevés empoisonnaient l'air. Sur les rives, d'immenses prairies nues, aux herbes longues traînantes, emmêlées comme des chevelures mal peignées, et à l'horizon des bois derrière lesquels se cachait la mer voisine.

Les yeux fixés sur cette vase, j'attendis la marée. Je l'attendis deux heures; car, justement, ce jour-là, elle avait modifié ses habitudes. — A la fin, j'aperçus un petit cylindre d'eau rousse qui arrivait, suivant les contours de la spirale avec la vitesse d'un cheval de fiacre au trot ordinaire. Ayant passé devant moi, il alla mourir au pied de la ville avec un hoquet d'épuisement.

Lorsque je revis M. Fuchs, il eut le bon goût de ne point m'entretenir de la marée, ni de chercher à me retenir par d'autres attraits. Il me procura de suite une voiture pour me rendre à Memramcook.

Ce lieu est célèbre parce que les Acadiens le considérèrent comme la citadelle de leur foi et de leur indépendance. C'est là où bat le cœur de la patrie abîmée. Je désirais mettre la main sur ce cœur.

Je traverse une campagne mollement ondulée, semée de bois toujours chétifs et souffrants, entre lesquels frissonnent de maigres herbages semblables aux poils d'une bête malade. Pendant trois heures, la voiture monte et descend des pentes douces, aussi pareilles que les vagues qui s'allongent sur l'océan. A un détour, j'aperçois un étang brun dont mon esprit s'empare avidement. Je demande au conducteur, un gros garçon peu bavard, à l'air taciturne comme l'endroit :

— Vous devez avoir des canards, par ici?

— Il y a longtemps qu'il n'y en a plus.

— Mais vous devez avoir d'autres bêtes?

Et je lui cite les animaux dont j'avais appris les noms dans de gros ouvrages sur ces contrées, avec des gravures à l'appui.

— Je n'en ai jamais entendu parler, me répond-il.

Je fus affligé, parce qu'il est toujours désagréable d'abandonner une idée qu'on a nourrie avec soin. Et j'en voulus presque à ce garçon de ne m'avoir pas laissé croire que nous étions exposés à rencontrer un caribou ou un chat pêcheur.

Tout à coup, sur une pente, le séminaire de Memramcook dresse son profil noir au milieu d'une douzaine de maisons de paysans. Construit avec les pierres du pays, qui ont la teinte des pierres léchées par la flamme dans une maison incendiée, il ressemble à un immense catafalque, car il appartient, non seulement par sa couleur, mais encore par sa forme, à cet ordre d'architecture funèbre.

Au bas de la pente, un large fossé boueux annonce le voisinage de la baie, qui introduit là, comme à Muncton, l'un de ses crochets.

La misère de cette nature est inexprimable, car il faudrait pouvoir exprimer l'absence même de la nature. On dirait que cette terre est chargée d'expier les péchés des terres joyeuses et dévergondées qui réjouissent les yeux des hommes et produisent les fruits sucrés et les fleurs parfumées. Et quel climat! un hiver terrible, et ni automne ni printemps.

Un phénomène singulier se produit là dans les saisons intermédiaires : à la chute du jour, des

brouillards montent de la mer et accourent avec
la rapidité d'une charge impétueuse de cavalerie
et se collent sur les murailles, qui ruissellent instantanément comme si elles transpiraient. Alors
les habitants sont bloqués par cette fumée marine
épaisse et irrespirable.

Un jour, visitant les restes d'un château féodal,
je fus introduit dans des souterrains qui avaient
servi de prison autrefois. Dans un coin, j'aperçus
de la paille pourrie, une cruche et un bout de
chaîne qui pendait le long du mur salpêtré. Il me
prit aussitôt une envie indicible de remonter à
l'air libre, de revoir le bon et amical soleil.
C'était à peu près le sentiment qui m'animait en
présence de Memramcook. Mais j'avais grand'-
faim, et il était bien tard pour m'en retourner.

Le père Lefebvre se promenait dans son jardin, où grelottaient quelques fleurs décolorées,
lorsque je lui présentai la carte d'un ecclésiastique de Québec portant les mots qui devaient

m’accréditer. Il essuya ses lunettes, inspecta le petit carré de carton pendant un instant qui me parut très long, vu l’incertitude où je me trouvais relativement à mon souper, — puis, tout d’un coup, il me prit la main et me fit l’accueil le plus charmant du monde.

Depuis trente ans bientôt qu’il dirige cet établissement, unique dans l’Acadie, le père Lefebvre a été non seulement un éducateur merveilleux, mais un propagateur ardent de l’idée patriotique française dans les générations qui ont passé par ses mains. De là l’influence extraordinaire qu’il possède et qui fait de son collège le lien sacré par lequel restent unis les Acadiens dispersés dans toutes les provinces de l’énorme presqu’île.

Le soir, quand les derniers bruits se furent éteints dans le couvent, il vint me trouver dans ma chambre; et là, assis et balancés sur des chaises berceuses, nous parlâmes du pays d’Évangéline une partie de la nuit. Il me semblait entendre le récit de la captivité de Babylone par-dessus les siècles. — Et soudain je compris la poésie sombre et pure de cette froide contrée, et je me sentis, dans cette grande bâtisse grise et nue autour de laquelle tournoyait avec des pleurs le vent des mers boréales, je me sentis frôlé par les idées éternelles aux larges ailes qui m'avaient secoué un jour les nerfs dans le cloître aérien et délicat du Mont Saint-Michel.

Un dimanche de l'automne de 1755, à la sortie de la messe, tout un peuple assemblé devant ses églises est capturé et expédié sur des navires qui les sèment le long des côtes de l'Amérique, dans les colonies anglaises haineuses et protestantes. Il est émietté comme de la poussière balayée par le vent. Ses demeures sont incendiées, ses biens confisqués. Ceux qui ont pu s'échapper se sont enfuis dans les bois chez les sauvages, dont ils partageront la vie et épouseront les filles. Il ne reste rien, plus rien de ce peuple, pas même l'inscription funèbre qu'on met sur les tombes dans les cimetières.

Eh bien! voilà que ce peuple, après d'épouvantables traverses, s'est reconstitué; voilà qu'il vit, voilà qu'il grandit. Il est bien de race française, car il ne se plaint pas et il appelle l'affreux traitement qu'il a subi d'un terme plaisant devenu historique : « Le grand dérangement. »

Chose curieuse! ce sont des prêtres fugitifs aussi, des prêtres chassés par la Révolution, qui apprirent aux Acadiens rapatriés et misérables à se grouper, à retrouver l'espérance. Parmi eux figure cet abbé de Calonne, frère du ministre de Louis XVI, qui, un jour de prêche à Québec, tirant de dessous son surplis un bout de galon doré, dit à ses auditeurs stupéfaits :

— Voici une partie des guides dont je me servais pour conduire mon équipage dans les parties de plaisir de la cour. Je m'en allais en enfer en carrosse si Dieu n'avait fait éclater le coup de foudre de la Révolution.

A cette époque calamiteuse, les Français d'Acadie étaient quatorze mille. Ils sont à présent cent trente mille et possèdent des représentants au Parlement du Dominion.

Mais s'ils ont retrouvé leur patrie, leurs habitudes, arraché à l'Angleterre le droit de vivre socialement et politiquement, ils n'ont point recouvré leurs biens confisqués et attribués à des protestants. Alors parfois la vie est tellement dure que beaucoup émigrent l'hiver, descendant aux États-Unis, où les villes industrielles leur offrent du travail rémunéré. — Mais tandis que les Anglo-Saxons qui quittent le pays n'y reviennent point, séduits par les gros salaires et la vie facile du Sud, eux reviennent toujours, ramenés par l'invincible amour du sol pour lequel ils ont tant souffert. Ils semblent avoir adopté pour devise les mots d'Évangéline : « Ma main suit mon cœur et ne prendra jamais un autre chemin. »

Le lendemain, en me séparant du père Lefebvre, comme je m'apitoyais sur la pauvreté du pays, il me dit :

— Détrompez-vous...

Et, me montrant les fanges que la mer retirée laissait à découvert, semblable à un abcès monstrueux crevé au milieu de la campagne, il ajouta :

— Voilà la fortune des habitants. C'est avec cela qu'ils fécondent leurs terres.

Cette vase prit à l'instant à mes yeux un air honnête et salubre, et je pensai que chez nous aussi il se fonde des fortunes avec de la boue, mais de la boue infiniment moins propre que celle-là.

Et puis je m'éloignai, les idées brouillées par ce que j'avais vu et entendu. A partir de ce moment, j'eus conscience de m'être trompé, m'obstinant à chercher la nature qui me fuyait toujours entre les mains comme de l'eau. A la place c'était une race que je rencontrais, une race rude mais attirante.

J'arrivai à Québec le jour tombant, et je me rendis de suite au couvent de l'abbé *** auquel je devais la connaissance de l'ouananiche, pour lui faire mes adieux. Il se promenait dans son jardin sous des érables qui mêlaient leurs branches au-dessus de sa tête. Il vint à moi et me dit :

— Je vous invite à dîner, mais je vous préviens que vous ferez maigre.

— Je mangerai toujours mieux qu'à l'hôtel, répondis-je.

En effet, dans les hôtels canadiens les jours d'abstinence prescrits par l'Église sont observés avec une rigueur monacale. M'étant trouvé à Québec à l'époque des Quatre-Temps, j'avais été nourri deux jours de suite avec de l'anguille fumée et des pommes bouillies. Le repas de l'abbé ne pouvait être pire.

Il me conduisit dans une salle à manger où une religieuse achevait de mettre le couvert. Ce lieu avec ses murs nus, ses fenêtres voilées de rideaux d'une blancheur neigeuse, sa propreté reluisante et la nonne qui marchait à pas étouffés, évoqua à mon esprit le souvenir de Bonvin. Il me sembla être transporté dans un de ces inté-rieurs où l'artiste a exprimé l'existence familière et recueillie, le bonheur pâle et doux des cloîtres.

Soudain, par un guichet qui s'ouvrit dans la muraille, apparut une pyramide d'huîtres du golfe du Saint-Laurent suivi d'un saumon énorme digne de figurer dans un repas de noce. Ensuite se succédèrent des truites frites, des légumes variés et des douceurs en si grande quantité que la table ressemblait à la devanture d'un pâtissier.

— C'est votre ordinaire? dis-je à l'abbé.

— Mais oui, me répondit-il d'un air malheureux. — Ces nonnes me feront crever comme vert-vert.

Naturellement je me bourrai de nourriture pour satisfaire la sœur qui nous servait et qui semblait prendre un intérêt affectueux à ma personne. — Puis, lorsque j'eus déclaré positivement qu'il ne m'était plus possible de rien introduire dans mon corps, l'abbé dit :

— Passons dans mon cabinet, nous y trouverons le café, les liqueurs... et le reste, ajouta-t-il en riant derrière les verres noirs de ses lunettes.

A peine étions-nous installés sur des chaises berceuses conformément à l'usage du pays, qu'un petit coup à peine perceptible fut frappé à la porte.

— Entrez! cria l'abbé.

Je vis alors s'avancer timidement dans la pièce deux religieuses, toutes jeunes et jolies comme des amours.

— Je vous présente, dit l'abbé, sœur Sainte-Gudule et sœur Sainte-Colombe qui viennent chaque jour me faire la lecture à cause de mes mauvais yeux. Parlez-leur de la France, vous m'obligerez.

Sœur Sainte-Gudule avait le nez retroussé, les yeux noirs, vifs et rieurs, des dents éblouissantes dans une bouche un peu grande. Les traits de sœur Sainte-Colombe étaient réguliers, d'un dessin fin et pur, mais son regard resta mystérieux comme les sources cachées des montagnes, car ses paupières ne se levèrent point. — A la couleur de leurs sourcils, j'imaginai que la première était brune et la seconde d'un blond très clair.

— Sacré curé, pensai-je, rien que ça, une soubrette de Molière et une vierge de Raphaël!

Devinant sans doute ma pensée mauvaise, il me dit tout bas :

— Ce sont des âmes exquises. Allons, parlez-leur de la France. Vous représentez pour elles un événement considérable et elles grillent de vous entendre.

— Mais sur quel sujet? fis-je, embarrassé.

Alors sœur Sainte-Gudule, avec le sourire le plus spirituel du monde:

— Monsieur connaît peut-être Lourdes? dit-elle.

J'étais sauvé. Je parlai de Lourdes, de la Salette, de Paray-le-Monial, de tous les lieux de pèlerinage que j'avais visités, soutenu par l'assurance de ne pas être contredit. L'église du Sacré-Cœur de Montmartre parut les impressionner principalement.

Tout à coup une cloche sonna dans les airs, les deux religieuses se lèvent, s'inclinent et disparaissent, me laissant au milieu d'une phrase, la bouche ouverte.

— C'est l'office du soir, me dit l'abbé, elles ne doivent pas le manquer. Eh bien, que pensez-vous de mon existence? Je vis ici dans une paix profonde, au milieu de mes livres et de mes saintes filles, elles sont ma postérité à moi, *non omnis moriar*. N'ai-je pas choisi le meilleur sort ? Est-ce qu'il ne vous tente pas ?

Sur le moment, je ne trouvai rien à répondre, car ce diable de prêtre, tantôt frivole et sceptique, tantôt grave et vénérable, me déconcertait. Mais, en m'en allant, comme je contemplais une dernière fois les draperies de velours bleu des Laurentides que les étoiles semblaient fixer au ciel, pareilles à des épingles d'or, j'entendis une voix s'élever dans la nature et dire :

— Monsieur l'abbé ! Monsieur l'abbé ! il faut avoir passé le temps d'aimer.

XIII

Me voici sur le pont du *Sardinian*, arrivé de Montréal pendant la nuit, et qui part tout à l'heure pour l'Angleterre. Je sens une volupté infinie descendre avec les souffles de l'espace dans ma poitrine élargie qui semble débarrassée tout d'un coup d'un poids étouffant. Et, quand le canon tonne, annonçant le départ, j'ai la vision très nette d'un rideau de tristesse qui se déchire autour de moi, me découvrant au ciel un azur que je ne connaissais plus.

— Je suis gai, heureux, enchanté de vivre comme un prisonnier qui s'évade ayant brisé ses fers.

C'est qu'il n'existe dans les contrées que j'avais parcourues ni nature, ni art, ni souvenirs. On éprouve la sensation froide du vide comme d'une grande salle démeublée. L'imagination, épuisée par ses efforts vains pour dégager des choses l'aliment nourrissant qui lui est nécessaire, languit et meurt de faim.

Je rencontre à bord un petit paysan bourguignon, parti avec l'espoir de faire fortune, qui s'en revenait ayant été saisi du mal de la patrie. Il me communiquait à sa manière son impression en me disant :

— Voyez-vous, monsieur, il y a trop d'eau dans ces pays-là et pas assez de vin. Je ne peux pas m'accoutumer au manque de vin.

Et moi je le comprenais, car ces eaux qui s'écroulent, dorment et fuient de tous côtés dans ces étendues mortes, plates, infinies, délayent la pensée qui se disperse misérablement, gonflée et vide, flasque et anémique.

— C'est bien cela, en effet; ça manque de vin, mon garçon.

La traversée fut abominable. Le détroit de Belle-Isle était encombré de glaces énormes qui ne présentaient plus les belles couleurs irisées dont les teintait le soleil d'été. Fouettées par la pluie, elles ressemblaient à des cristaux ternis par les haleines des vents furieux. Le petit steamer courait sous les vagues démontées pareil à ces bêtes qui filent sous l'eau ne laissant apparaître que la ligne brune de leur échine. — L'intérieur du bateau ne cessa d'offrir le spectacle d'un champ de bataille.

Enfin voilà la côte d'Irlande, l'île de Man qui nous salue de son drapeau incliné, assaisonnant son salut d'un coup de canon, puis la Mersey, dans laquelle nous prenons la file modestement, comme un fiacre un jour de courses aux Champs-Élysées.

Avec quelle joie je revis cette grasse campagne anglaise, si grasse qu'on dirait d'une motte de beurre, ces arbres aussi droits que des colonnes, au feuillage dru et frisé, qui ont l'air de puiser leur santé dans du jus de roastbeef, et, partout semées, les habitations souriantes des modernes er les demeures historiques peuplées des souvenirs des ancêtres fameux. — Et Londres, Londres surtout avec ses merveilles d'art!

C'est là surtout où me fut expliqué ce dégoût de vivre qui m'avait noirci le cœur de l'autre côté de l'océan. Une après-midi, comme je songeais dans un musée, en adoration devant une madone de Carlo Crivelli, j'entendis distinctement une voix me dire que nos âmes latines, délicates et compliquées, héritières des siècles artistes, n'étaient point faites pour les pays nouveaux, car le rêve n'y habite jamais.

Puis je rentrai en France par Newhaven, en souvenir de deux journées charmantes passées à Dieppe deux mois auparavant, si charmantes que je faillis demeurer là, oubliant que j'étais en route pour le Canada. Peut-être aurais-je bien fait.

Il était nuit et il pleuvait, et la douane se montrait insupportable; néanmoins je sentais couler dans mon sang une félicité extraordinaire, et, tandis que je pataugeais délicieusement dans la boue normande, un passage du vieux Montaigne me revint à l'esprit:

« On disait à Socrates que quelqu'un ne s'estoit aucunement amendé en son voyage : « Je « croy bien, dit-il, il s'estoit emporté avecques « soy. » Nous emportons nos fers quant et nous; ce n'est pas une entiere liberté, nous tournons encore la veüe vers ce que nous avons laissé, nous en avons la fantasie plaine. »

Août-octobre 1890.

Achevé d'imprimer

le six août mil huit cent quatre-vingt-onze

PAR

ALPHONSE LEMERRE

25, RUE DES GRANDS-AUGUSTINS, 25

A PARIS

4. - 1391.